证据法

ZHENGJUFA

刘　宇　任继鸿　编著

中国政法大学出版社

2014·北京

前　言

中国法制蓬勃发展的今天，恐怕没有哪一个部门法像证据法一样受到某种特殊的“冷落”，这种冷落不是完全的忽视，而是没有给予应有的重视，至今为止我国的有关证据制度还都散见于诉讼法和相关司法解释中，没有一部完备的证据法典。这种态度往往来自于对证据法本身的认识不足，这种认识不足主要体现在我国理论界和司法实践部门对以下问题的争论以及基本认识上的不同：

第一，证据法是实体法还是程序法？对此，有人认为证据法属于程序法，有人认为证据法既有实体法规定又有程序法规定。本书认为，对这一问题的讨论，无论是哪种回答都掩盖了证据法在整个法律体系中的独特地位。

第二，我国的证据立法是通过分别完善诉讼法中的证据规则的模式来实现，还是通过制定独立的证据法典的模式来实现？有的学者主张在诉讼法中逐步去完善有关的证据规则，不用制定独立的证据法典，这样做的主要理由是立法成本较低，而且三大诉讼法中证据规定也不尽相同。但本书认为，如果按这种立法模式进行下去，永远也无法改变我国证据制度被淹没在诉讼制度中的现状，人们永远无法清楚地认识到证据法所具有的独特意义。

第三，在学科分类上，证据法学与证据学是否存在区别？对此，学术界已经取得了共识，认为证据法学是不同于证据学的。证据学实质上不是一种学科，而是一个“学科群”，对于如何发现案件事实真相问题的研究，与多门学科具有复杂的交错关系，例如，逻辑学、心理学、概率统计学、物证技术、司法精神病学、侦查学、法医学等等，很难具有独立的功能和体系。〔1〕证据法学属于“规范科学”，研究的是各种证据的资格、效力、司法证明规则，研究如何限制收集证据，如何规范审查判断证据，不研究如何收集证据，如何审查证据，以及如何发现证据。然而，这一问题的提出本身就说明了人们对于证据法的模糊认识，这种模糊认识也是由于我国的证据制度长期淹没于诉讼制度中造成的。

第四，理论界一般认为细致的证据规则是英美对抗式诉讼模式的产物，在职权主义诉讼模式之下，不需要如此细致的证据规则，因此，我国证据法的完善非常必要，但不一定紧迫。对此，本书认为，细致的证据规则并非英美对抗式诉讼模式特有的专利，而是程序正义的要求，凡有意追求程序正义的国家，都有完善证据法之必要。

对于证据法问题的研究，虽然近些年随着法制的发展，学者们开始纷纷介绍外国有关证据制度，但是，对于我国本土的证据问题则缺乏深入的研究，另外，司法实践部门对证据规则的完善也并不热心，这说明对我国证据法的完善问题并没有被提到议事日程上来。之所以会出现这种不冷不热的状况，我认为是出于对证据法的认识不足，没有认识到证据法在整个法律

〔1〕 陈瑞华：《刑事诉讼的前沿问题》，中国人民大学出版社2005年版，第370页。

体系中的独特意义和地位，从而使得证据法成为程序法的附庸，成为程序法中可有可无的点缀。人们的目光仍然停留在那些处于显学地位的某些实体法和程序法上，没有认识到证据法的发展对整个法律体系的意义。

按照三段论的观点，案件事实的认定是实体法适用的前提条件，但是，案件事实的认定不仅仅是一个技术问题，同时也是一个法律判断问题。

首先，案件事实的认定要依赖证据，而证据不仅要具有关联性，即证据必须与需要证明的案件实施具有一定联系〔1〕；还要具有合法性，即符合法律的有关要求。例如，利用刑讯逼供而获得的口供，可能具有关联性特征，但是由于不具备合法性，从而不能成为证明案件事实的证据。可见，在事实认定之初，证据法就已经加入到事实认定过程中，因而，证据法成为事实认定的法律上的逻辑起点。

其次，所谓案件的事实真相在法律上只是一种法律真实，这种法律的真实观不要求绝对的客观真实，与真理性相比，其更看重“正当性”，追求的是一种建立在正当性基础上的真理性。表现在证据理论上，就是证明标准，所谓案件事实不是百分之百的客观真实，只是达到了法律所要求的证明标准而已。〔2〕法律的真实观是法治的要求，它就像法治一样，是一种最不坏的制度，客观的真实观是一种完美的主张，但是它在司法领域实现不了，所以，荷尔德林曾说：“总是使一个国家变成人间地狱的东西，恰恰是人们欲使其变成天堂的企图。”可见，证据法是事实认定的法律逻辑上的终点。

---

〔1〕 何家弘、张卫平主编：《简明证据法学》，中国人民大学出版社 2008 年版，第29页。

〔2〕 何家弘、刘品新：《证据法学》，法律出版社 2004 年版，第329页。

如果说证据法的限制贯穿于事实认定的全过程，而事实认定又是实体法适用的前提条件，那么，我们也可以说证据法在某种意义上也是实体法能否正确适用的法律逻辑起点和终点。离开证据法对事实认定的规范和限制，实体法的适用就会变成空中楼阁，失去法治的基础。

有的人认为证据法只是程序法的一个部分，甚至可能不是一个主要的部分，然而，这种看法严重的低估了证据法在整体法律体系中的重要性。证据法不是程序法的附庸，也不是程序法的一个主要部分，证据法与程序法之间其实是一种互为表里的关系，如果能实现证据法中的基本价值，那么程序法中的基本价值大部分都能实现，相反，如果证据法中的基本价值不能实现，那么，程序法的规定无论多么细致，对于程序正义而言，也仅仅是一个骨架而已，而证据法才是程序正义的血肉与灵魂。简而言之，程序法加证据法才构成完整的程序正义。

证据法是一条连接实体法与程序法的有效纽带，它一方面保证程序法的运行不偏离对案件事实的认定，另一方面又确保依据实体法作出的裁决不背离正当性。总之，实体法、程序法与证据法是现代法治国家的三大法律架构，三者不可分离，相互之间也不可替代。基于上述对证据法在整个法律体系中的特殊性和重要性的重申，对于我国理论界所探讨的一些问题，本文认为可以给出以下答案：其一，对于证据法是实体法还是程序法，本书认为证据法既不是实体法也非程序法，它是一种独立于实体法与程序法分类之外的一种连接法；其二，对我国证据制度的完善模式，本书认为应当制定独立的证据法典；其三，即使在职权主义的诉讼模式之下，完备细致的证据法也是必不可少的，更不必说我国的诉讼模式在一定程度上具有当事人主义的特点。

鉴于以上认识，本教程的特点是：

第一，将散见于三大诉讼法和相关司法解释中的证据制度进行有机整合，使不同诉讼程序中的证据问题整合为一个有机体。提炼出作为所有证据问题的一般理论，并在此基础上详细解析在不同诉讼中的证据规则的独特性，将证据制度的一般特征与具体特征有机的结合起来。

第二，将理论与实践结合起来。证据法是实用性很强的学科，既涉及到实体法的相关规定，也涉及到程序法的相关规定，所以，本教程将使用大量国内外的案例，使读者能在生动的案件中体会证据法的博大精深。

第三，将国内外的证据制度和相关理论结合起来。我国证据制度还非常不完善，在司法实践中还不够被重视，为了增强教材的理论性和前瞻性，本教程将大量引入国外先进的证据制度理论，并结合我国的司法实践进行深入的分析。

第四，将实体法规定与程序法规定相结合。正如前文所述，证据法是作为实体法和程序法的桥梁而存在的。其内容既有实体性规则，也有程序性规则。本教程将结合有关理论和案例将证据法所具有的这一特点充分的展现出来。

第五，我国传统的证据法教程将大量的篇幅放在对证据的审查上，但实际上主要是对证据的真实性的审查，而没有把对证据合法性的审查放在非常显著的位置，本教程将重点放在证据的合法性审查上，因此，本教程没有像传统的证据法教程一样将证据的真实性审查判断作为独立的一部分，本教程分为四部分：第一部分绪论，这一部分主要讲授证据法的基本理论部分；第二部分证据论，这一部分主要讲授作为静态的证据的概念和分类问题；第三部分司法证明，这一部分讲授作为动态的证明问题；第四部分证明规则，这一部分主要讲授证据的合法性以及真实性的审查和判断。

第六，我国2013年新出台的《刑事诉讼法》加强了证据部分，本教程将结合新出台的相关证据规定以及司法解释，深入剖析我国目前情况下证据法的利弊以及未来发展趋势。

小结：如果将整个法律系统比喻为人的有机体，程序法相当于人的骨骼，实体法相当于人的血肉，而证据法是人的灵魂。作为司法实践逻辑前提的证据问题发生错误，那么，实体法和程序法的作用就会丧失意义，就像人失去灵魂就会变为行尸走肉一样。

刘　宇

2013年4月15日

目 录

第三部分 司法证明

第四部分 证据规则

第一部分｜绪论

第一章

证据制度的认识论问题

证据制度的认识论问题是一个理论问题，但是对于一国的证据立法和证据法的实践都会产生深刻的影响，甚至直接决定了一国的证据法是否是真正意义上的证据法，所以，我们必须把这一理论上的前提问题厘清，才能认识到我国和其他证据法发达国家的差距到底是什么原因造成的。我国长期以来没有专门的证据法典，有关证据的法律规则一般被称为“证据制度”，所谓证据制度是指法律规定的关于诉讼中如何收集证据、如何审查判断证据、如何运用证据认定案件的规则体系。证据制度要解决的核心问题是如何保证司法人员能正确合法地认识案件事实。

一、我国证据制度的传统认识论：辩证唯物主义认识论

辩证唯物主义认识论的三个基本要素：可知论、实践是检验真理的唯一标准、追求客观真实。这种认识论在证据制度建构上的反映是：证据是客观存在的事实，它是在案件事实发生之前、之中、之后产生的，并与案件事实存在某种联系，这种联系也是客观存在的，不以司法人员的意志为转移，司法人员

正是借助这种客观联系，才认识案件事实的。其结论是：只要办案人员发挥主观能动性，全面正确地收集、审查、判断证据，案件的事实真相是可以发现的。那么，诉讼的目的即为查明案件的事实真相。在证据制度中，根据三大诉讼法的规定，所有能够证明案件事实真相的事实都是证据；凡是知道案件真实情况的人，都可以称为证人。

这种对证据和证人的法律资格所做的极为宽泛的规定，显然与查明案件事实真相有直接的联系；在证明标准的问题上，我们也可以看到，三大诉讼法都将证明标准规定为“事实清楚、证据确实充分”，这是用法律的语言表达的查明案件的客观真相。

二、对传统认识论的反思

我们首先必须清楚这样一个问题，辩证唯物主义认识论的可知论的对象是“人类的认识活动”，正如恩格斯在《反杜林论》中所言：“思维的至上性是在一系列不至上的思维着的人们中实现的，拥有无条件的那种真理权的认识，是在一系列的相对谬误中实现，两者只有通过人类生活的无限延续才能完全实现。”可见，上述的可知论是在哲学的语境下谈论的，其所面对的是无限延展的人类生活和认识过程。但是，人们也常说，哲学是科学的科学，如果辩证唯物主义认识论是正确的，那么这种认识论当然的也适用于人们在诉讼中对案件事实的认识。那么，下面我们就来探讨这样一个问题：人们运用证据进行的诉讼活动究竟是不是一种认识活动？

诉讼中包含裁判者运用证据对案件事实的认识活动，但是，这种认识活动在诉讼中不具有根本的决定意义，理由是：

第一，诉讼是以解决纠纷和争端为目的的活动。在诉讼中，裁判者固然会通过审查双方的证据，对案件事实做出揭示，但这种事实的揭示只是为解决争端提供一定的正当理由，而不是诉讼的最终目的，换言之，对纠纷的解决不一定非要建立在客观真相的基础上不可。例如在诉讼中不查明客观事实也必须做出结论的情况：在刑事诉讼中，当被告人是否有罪不能确定时；在民事诉讼中，当原告人所主张的债权是否真实不能确定时，法庭仍然要做出确定性的裁判。尽管法庭作出的裁判结论很可能与案件事实真相相反，但是，司法活动的性质和目的要求法庭必须冒这个险。在查明了客观事实也必须做出与之相反的结论的情况：例如利用刑讯逼供、任意搜查、非法窃听等不择手段获取证据。虚构的事实优越于客观事实的情况：例如将送达当事人的法律文书以一定方式公布后，经过法定期间即拟制为送达（法律拟制）；某人失踪后，经过一定期间，法院可以根据利害关系人的请求推定并宣告其死亡（法律推定）。

第二，诉讼是在程序法限制和规范下进行的活动。程序法对诉讼活动的影响有以下几个方面：①裁判者的消极性和被动性，不告不理原则、控诉范围的限制；②诉讼是一种三方活动；③裁判者的结论必须建立在双方辩论的基础上；④裁判者对争端的解决局限在法庭上；⑤诉讼活动必须在法定的期限内终结；⑥既判力，裁判一旦生效，不能就同一事实再行起诉。

可见，在司法领域，法律对探究事实真相加以限制。在人类的认知领域，认知行为的主体以探究事实真相为目的，只有在得出一个令人满意的结论之后，认知行为才能结束，否则，就只能使认知过程无限期地延续下去，直到人们能有把握地查明客观事实的真实面目为止。但是，这种在认知领域必须服从的要求，一旦被引入到司法过程当中来，就会产生大面积毁灭法律之善。例如，在刑事司法的过程中，有时为了查明案件事实真相，需要对某些公民采取扣押物品、查封财产、拘留、逮捕等强制措施，但是，这些强制措施的使用是有风险的，它一方面可能促进和实现法律之善，另一方面也可能减损法律之善。如果按照追求客观真实高于一切的认知行为领域中的思想方式来行事，为了彻底查明案件事实真相，把一个可能有罪也可能无罪的公民超期羁押20年也是允许的。然而，这样一来，强制措施的滥用就会最彻底地摧毁法律的正义。

第三，诉讼是一种证明活动，证明活动不等于认识活动。一般而言，典型的认知活动只存在于刑事诉讼的侦查阶段，而刑事审判、民事审判和行政审判则是一种证明活动。在法庭上，对双方当事人而言，认识活动已经完成（调查取证），他们要做的仅仅是向裁判者证明。这种活动与探求未知事实的认知活动有明显的区别。

第四，诉讼包含着一系列法律价值的选择和实现过程。认知活动属于实然的范畴，要解决的问题是“what it is”。诉讼活动属于应然的范畴，要解决的问题是“what it should be”，公平、正义、效率等价值问题都被包含其中。因此，法理学中有句格言：“法律之善先于事实之真。”

三、法律的真实观

法律的真实观不要求绝对的客观真实，与真理性相比，其更看重“正当性”，追求的是一种建立在正当性基础上的真理性。表现在证据理论上，就是与证据的特征而言，它不但要求事实上的证明能力，还要求在法律上的证据能力（证据的合法性）。法律的真实观是法治的要求，它就像法治一样，是一种最不坏的制度。客观的真实观是一种完美的主张，但是它在司法领域实现不了，所以，荷尔德林曾说：“总是使一个国家变成人间地狱的东西，恰恰是人们欲使其变成天堂的企图。”下面我们结合一个案件来分析这一理论：

汤姆是一个年轻有为的作家，而且马上就要迎娶美丽而富有的苏珊，正所谓春风得意。苏珊的父亲奥斯丁是一个极端厌恶死刑的人，为了达到废除死刑的目的，他拟定了一个计划：就是将一个无辜的人牵连进一个谋杀案中，当这个人被判死刑，他马上出示能够证明这个人无辜的证据，从而希望引起人们对死刑的愤怒。汤姆自告奋勇，充当了奥斯丁计划中的替罪羊。正所谓无巧不成书，一桩门当户对的案子从天而降，一个叫帕蒂的舞女被杀，于是两个人开始实施计划，伪造了很多对证明汤姆就是凶手的证据，如将帕蒂的香粉洒在汤姆的车上，将汤姆的打火机丢在案发现场，当然，两人同时拍了照片，以备将来翻案使用。正如两个人所料，警察很快就怀疑上了汤姆，收集到了相关证据，检察官起诉成功，汤姆被判死刑。汤姆可能是死刑犯中最平静的一个，他以自己诉讼的失败宣告了自己的胜利。但是，最意想不到的事情发生了，奥斯丁车祸身亡，能证明汤姆无罪的照片也一同烧毁了。于是，汤姆求助苏珊，并将自己和奥斯丁的计划告诉了苏珊，希望能请求赦免。苏珊为汤姆四处奔走，终于求得了赦免，苏珊迫不及待地去监狱将这个好消息通知汤姆。在闲聊的过程中，苏珊听到汤姆称被害人帕蒂为艾玛，艾玛这个名字，是帕蒂以前的名字，汤姆不可能知道。在苏珊的一再追问下，汤姆终于道出了实情，原来帕蒂是汤姆的妻子，汤姆为了和富有的苏珊结婚，早就想杀害帕蒂，正在这时，奥斯丁的计划正好为汤姆提供了一个大好的机会。苏珊回到家后犹豫再三，终于拿起电话打给州长，那一边的州长将刚刚拿起准备签署赦免令的笔，又重新放回了笔筒里。

上述案件虽然具有一定的戏剧性，但是它说明在人们现实生活中真相的复杂性，人类认识真相的困难，如果不是非常偶然的因素，没有人知道案件的真相。在司法活动中，我们所能做的仅是看得见的正义，即程序正义，而不是看不见的正义——实体真实。法律上的真实必须是一种建立在合法性基础上的真实。不能是一种裸的真实，法律上的真实必然是包含了一系列主观价值追求的真实，不是一种不包含任何主观价值倾向的完全客观的真实，即使在物理世界中这种完全没有主观色彩的真实也是不存在的。

四、从证据学到证据法学的演变

对于证据问题的研究有两个角度：一是如何发现事实真相的角度，研究如何有效地收集、审查、判断证据；二是如何限制和规范发现事实真相的活动。证据学实质上不是一种学科，而是一个“学科群”，对于如何发现案件事实真相问题的研究，与多门学科具有复杂的交错关系，例如，逻辑学、心理学、概率统计学、物证技术、司法精神病学、侦查学、法医学等等，很难具有独立的功能和体系。证据法学属于“规范科学”，研究的是各种证据的资格、效力、司法证明规则，研究如何限制收集证据，如何规范审查判断证据，不研究如何收集证据，如何审查证据，以及如何发现证据。证据法的功能包括：

第一，规范法庭审判过程，借此控制审判前的侦察和起诉活动。首先我们要明确的是，证据规则发挥作用的对象是法庭审判过程，而不是审判前的侦察和起诉程序，但是，对法庭审判的规范，会间接影响到侦察和起诉。例如，非法证据排除规则，法官在庭审阶段对非法证据的审查和排除，必然的要影响到警察和检察官在侦查和起诉阶段对证据的收集和使用的活动。

第二，限制裁判者的自由裁量权。按照法治原则的要求，法院在作出裁判时必须遵循一系列明确的原则，以确保控辩双方对于证据采纳、事实认定以及法律适用具有最基本的明确性和可预测性。例如，“当庭翻供”，在侦查阶段，犯罪嫌疑人作有罪陈述，在庭审阶段翻供，不承认有罪陈述的笔录，在这种情况下，法庭是应当采纳有罪陈述的笔录，还是采纳被告人在庭审中的辩解？对于这种现象，我国没有相关的证据规则，完全依赖法官的自由裁量权，有相当多的法官坚持“笔录优先原则”，有的法庭对两者采一视同仁的态度，哪一个有其他佐证就采用哪一个。

第三，维护程序正义，避免被告人受到不公正地对待。刑事诉讼乃个人与国家的对抗，具有天然的不平衡性，证据规则能起到纠正这种不平衡的功能。例如，英美证据法中的品格证据——“以此为贼，不等于终生为贼”；再例如，我国刑事诉讼法规定，严禁刑讯逼供、引供、诱供的询问方式。

第四，排除不可靠的证据，防止错判。例如，传闻证据规则、意见规则。

第五，避免诉讼拖延。

第二章

证据制度的历史沿革

第一节　西方证据制度的历史沿革

一、人类社会早期的神示证据制度

（一）内容

所谓神示证据制度是指司法人员用一定的方式邀请神灵帮助裁判案情，并且用一定的方式把神的旨意表现出来，作为裁判的根据。古希腊人曾说："法官之所以能够做出裁判，并不是因为他们自己的智慧，而是因为有神的帮助，而且，判决的权威性是最重要的，人们对合理和正义的理解，都会因此而屈从于对神的信仰和崇拜。"其方法五花八门，主要包括：神誓法和审判法。神誓法是指通过诉讼当事人面对神灵宣誓来证明案件事实的方法。如果当事人不敢对神发誓，或者在发誓的过程中神态慌乱或显示出某种神灵报应的迹象，裁判者就可以认定其说假话并判其败诉。神判法是指通过让当事人接受某种肉体折磨或考验来证明案件事实的方法。例如，古代巴比伦的"水审法"，按照《汉穆拉比法典》的规定，如果某自由民的妻子被人告发有通奸行为，但是她自己不承认，那么法官就会命令人把她扔到河里，如果那个女子沉到水里去，就证明她有罪，如果她没有沉下去，而是浮在水面上，就证明她无罪。

（二）评价

第一，非科学性、非理性。神示证据制度是与早期人类社会的认知能力和水平相适应的，在现代人看来，这些方法是荒唐甚至滑稽的，但是，在古代人眼中，这些方法是神圣和可靠的，因为它的基础是当时的人类对神灵的崇拜和信仰。

第二，有助于提高司法判决的权威性。司法判决需要社会成员的认可和接受，从一定意义上讲，权威性可以说是司法判决的生命，在人类社会的早期，由于司法者还没有办法用科学的方法裁判，而国家机构的权威也还不够强大，所以借助神灵的力量来加强司法判决的权威性显然是最佳途径。

第三，神示证据制度在一定情况下，也可以起到查明案件事实的作用。例如，当事人的心理可能会影响其宣誓的神态。

（三）消亡

随着时代的发展，神示证据制度退出历史的舞台，导致神示证据制度消亡的因素是：

第一，国家权力的膨胀。一些国家开始建立比较稳定的政府，这些政府自然而然地开始寻求能够保护其利益的各种手段，包括司法手段。统治阶级开始对那些结果难以预料的非理性的证明方法感到不满，要求司法人员在审判中行使更大的决定权。

第二，人类认识能力的提高。随着科学的进步和社会实践的发展，人们越来越对神明裁判方法的合理性产生怀疑，于是，神明裁判在人们心目中的权威性开始降低。神示证据制度基本上是与弹劾式的诉讼模式相配合的，因此，司法人员在诉讼中的地位，与其说是案件事实的裁判者，不如说更像是一种宗教仪式的主持人。

二、法定证据制度时代（大陆法系国家）

（一）欧洲大陆法系早期证据制度的特点

12世纪后，欧洲大陆国家的诉讼制度发生了很大的变化，由弹劾式诉讼转变为纠问式诉讼。在纠问式诉讼制度下，司法官员不再满足于“消极仲裁人”的角色，而成为刑事案件中主动的追诉人和审判者。在纠问式诉讼制度下，刑事案件的诉讼过程包括两个阶段：其一，预审；其二，审判。在预审阶段，司法官员具有广泛的不受监督的调查权，预审的核心内容是对被指控者的审讯，而且审讯是秘密进行的。因此，刑讯逼供是家常便饭。在审判阶段，法官先听取控诉方给予预审案卷材料提出的起诉意见，然后依据案卷材料对被告人进行最后的审讯，无需证人出庭作证，法官便可以作出判决。可见，在这两个诉讼阶段中，更重要的是预审，起决定作用的是负责预审调查的司法官，而审判不过是宣布判决的一种形式。大陆法系早期的证据制度是以司法官员收集和审查证据职能为基础的，它同纠问式诉讼制度相适应，它的基本特征是：

第一，以人证为主要的证明手段。人证包括当事人陈述和证人证言，其中被告人的口供是最重要的证据。第二，收集证据具有片面性。预审官员一般都是在相信被指控者有罪的前提下进行审讯的。所以，收集证据的目的性非常明确，即全力收集证明被告人有罪的证据。第三，被告人无法行使举证权力。被告人可以向预审官员提出他的证人，但是否询问证人和如何询问证人完全取决于预审官员的意愿和心情。此外，预审完全处于秘密状态，被指控者直到对方把起诉都准备好之后，才有机会得知指控自己的依据是什么，甚至在有些案件中，被指控者在整个诉讼过程中可能都不知道指控乃至判决自己有罪的依据是什么。第四，法官对证据的审查徒有虚名。审判完全建立在预审官员制作的案卷材料的基础上，在审判阶段不再询问证人，对被告人的询问也是一种形式，所以审判法官对于预审官员收集的证据没有实质意义上的审查。第五，法官享有运用证据的自由。由于法律对法官收集证据和运用证据没有任何限制性规定，所以法官在审判中可以完全根据个人的知识、经验、兴趣、好恶来采纳证据和认定案件事实。这一时期的证据制度属于自由证明的范畴。

（二）法定证据制度的缘起

第一，统一规范法官审判活动的需要是法定证据制度产生的政治原因。从13世纪到15世纪，欧洲大陆国家的司法证明实践是相当混乱的，缺乏统一的证明标准，即使在同一国家或同一地区，不同法官采信证据的标准也不相同。在审判实践中，相同案情和相同证据在不同法官面前得到不同对待的情况非常多，为了政权的稳定，统一规范司法活动就成为政府的重要任务。

第二，等级制度是法定证据制度产生的社会原因。在当时的欧洲大陆国家中，等级制度已经成为社会的基石，无论是世俗的封建等级制度还是教会的僧侣等级制度，都是社会的基本组织形式，都在很大程度上影响了人们的思想观念。既然人是不平等的，是可以分成许多等级的，那么司法活动中的证据也应该是不平等的，也可以分成许多等级。

第三，崇拜权威的思潮是法定证据制度产生的文化原因。在当时的社会生活中，权威是特别重要的，人们在评价一个观点或一种学说是否正确时，往往不看其自身是否具有科学性，而是看其是否具有权威性，是否言出有据。在以制定法为基本法律形式的欧洲大陆国家，崇尚权威，就是要由法律的明确规定代替司法官员的个人认识。

（三）法定证据制度概念

所谓法定证据制度是指法律事先规定各种证据的证明力和判断标准，法官在审判活动中必须严格遵守这些规则，没有任何的自由裁量权。它的基本规则可以概括如下：第一，有了完整证明就必须作出判决，没有完整证明就不能作出判决。第二，最好的完整证明是两个可靠的证人，其证言内容的统一是认定被告人有罪或无罪的结论性证明。第三，无论多么可靠，一个证人证言只构成 1/2 的证明。如果除了一个证人证言外，还有被告人的供述，也可以成为证明被告人有罪的完整证明。第四，与案件有利害关系的人或信誉有瑕疵的人，其证言的证明力为 1/4，受到对方有效质疑的证据的证明力减半。第五，任何两个 1/2 的证明相加都可以得到一个完整证明，任何两个 1/4 的证明相加都可以得到半个证明。

总之，只要法官把起诉方提交的证据加在一起可以构成一个完整证明，就必须作出有罪判决；如果不能构成完整证明，就必须作出无罪判决。无论是有罪还是无罪，判决都不受具体案件中法官内心对证据的确信程度的影响。

（四）法定证据制度的评价

1. 优点：第一，这种证明模式有利于提高司法裁判的规范性。司法公正的要求之一是相同案件相同处理，而要做到这一点，司法人员在使用证据和审查证据的时候就要遵守统一的规则，不应该有太多的自由裁量权。第二，这种证明模式有助于提高司法裁判的可预见性。为了让社会成员能够预见司法裁判的结果并据此约束自己的行为，诉讼中的证据规则就应该是具体明确的，而且使人们可以事前预见到其适用结果的。第三，这种证明模式有助于提高司法裁判的权威性。按照统一规范的证据规则认定案件事实并在此基础上作出裁判，比较容易获得社会公众的接受和认可，从而可以提升裁判的权威性。

2. 缺点：第一，这种证据制度在运用证据的问题上过于死板、缺少灵活性。案件是复杂多样的，证据也是复杂多样的，法官在不同案件中都按照量化的规则评断证据的价值，没有任何的灵活性，把法官变成了一台简单的计算器，很容易造成个案上的不公正。第二，这种证据制度容易导致刑讯逼供。在法定证据制度下，由于法律规定被告人口供是良好的 1/2 证明，而且法律对司法官员获取口供的方法和途径没有限制，所以刑讯逼供自然成为司法官员取证的常规手段。正如贝卡利亚所说："刑讯逼供是人类最好的发明，它一方面使意志薄弱的无辜者被判有罪，一方面使意志坚强的有罪者被判无罪。"

三、自由心证制度

（一）概念

17 世纪后，崇尚自由权利、人道主义和个人认识能力的理性主义者对以刑讯逼供为特征的法定证据制度进行了猛烈的抨击。所谓自由心证制度是指证据的价值或证明力不再由法律事先规定下来，法官在审判中可以运用自己所具有的"人类普遍的认知能力"来自由评判具体案件中各种证据的证明力。这是对法官自由裁量权的肯定。

1808 年的法国《刑事诉讼法典》对自由心证制度做出了具体而生动的规定："法律不要求陪审团讲出他们获得确信的途径和方法，法律也不给他们预订的规则，要求他们必须按照这些规则决定证据是否完全和充分。法律所规定的是，要求他们集中精神，在自己良知的深处，探求对于控方提出的针对被告人的证据和被告人的辩护证据在自己头脑中形成了什么印象。法律只向他们提出一个能够包含他们全部义务的问题：你们内心确信么?”

（二）评价

自由心证制度的优点是具有较大的灵活性，可以更好地实现司法中的个案公正。其缺点是容易受司法者个人因素的影响，自由心证制度在很大程度上依赖于法官个人的专业素质和道德修养，所以在一些情况下，就会给法官的专断和恣意提供可乘之机。

总结：

从司法证明的方法上看：证据制度的沿革经历了“以神证为主——以人证为主——以物证为主”的发展历程；从司法证明制度看，经历了从“自由证明——法定证明——相对自由证明”的发展历程。

第二节　我国证据制度的历史沿革

一、我国古代证据制度

1. 有神证的色彩。正所谓“皋陶治狱用神羊”。

2. 有罪推定为基本原则。在证据不足的情况下，即疑罪的时候，由被告人证明自己无罪，如果被告人不能证明自己无罪，则判决有罪。

3. 以人证为主要的证明手段。重视被告人的口供，正所谓“断狱必取输服供词”，是基本的审判原则。

4. 刑讯逼供是法定取证手段。重视被告人的口供，必然带来的是刑讯逼供的泛滥。《唐律》有言：“诸应讯囚者，必先以情审查辞理，反复参验尤未能决，然后拷问。”我们可以看到，虽然在那个时候刑讯逼供是法定的取证手段，但也不是上来不问青红皂白地就打，而是要先审查情理。但即使如此刑讯逼供仍然会造成屈打成招，就连包青天也说：“不用大刑，焉得实供。”

5. 自由证明是法官认证的基本模式。司法官员对于如何采纳证据，不受法律的限制。

6. 物证技术发展的较早。宋慈的《洗冤集录》是世界上最早的法医学专著。

二、我国近代证据制度

清朝末年，西方法律文化的影响下，我国开始对传统法律制度进行改革，拉开了我国近代史上第一次“法制现代化”的序幕。在民国时期，我国的证据制度在立法的层面进一步向西方国家靠近，例如，在当时的刑事诉讼法和民事诉讼法中确立了无罪推定、自由心证、言词辩论、禁止刑讯逼供等原则，但由于历史的原因这些规定也都成为一纸空文。

三、当代中国的证据制度

我国没有统一的证据法典，所有关于证据的规定都散见于三大诉讼法中，这里有一个问题值得思考：如果要进一步完善我国的证据立法，应该采取什么样的模式？是分别在诉讼法的基础上完善现有的证据制度，还是制定一个统一的证据法典？

归纳起来，目前学界认为我国现有的证据制度主要存在以下问题：

第一，按照一般的证据理论，证据必须同时具有客观性、关联性和合法性，才能成为法院定案的根据。但是，根据现行刑事诉讼法的规定，证明案件真实情况的一切事实，都是证据，证据只要查证属实，就可以成为司法机关定案的根据，证据的合法性在诉讼法中没有得到应有的强调。正因为如此，在我国诉讼法中关于证据的法律资格规定得非常少，司法人员只注意审查证据的可靠性，而忽视了证据的合法性，如非法搜查、非法扣押、刑讯逼供等非法搜集的证据的合法性问题。

第二，我国证据法对于证人的法律资格几乎没有做任何明确的限制和规范。按照诉讼法的一般解释，凡是了解案件真实情况的人，都是证人。据此，证人只要知道案件真实情况，不论他的身份如何，也不论他与案件或被告人的关系如何，都有作证的义务。至于那些在西方法治国家普遍确立的证人特权规则，如不被强迫自证其罪的特权，配偶之间免除作证义务、律师有权拒绝提供职业秘密、医生有权拒绝泄露患者的秘密等方面的规则，都几乎没有被我国证据法所确立。显然，立法机关和司法人员所关心的是证人能否提供与客观事实相符的证言，而对于家庭、律师执业、医生职业以及个人自由意志等方面的利益和价值不是特别的关心。

第三，作为现代刑事诉讼法基石的无罪推定原则，在我国刑事诉讼法中没有得到真正的确立。

第四，由于认识论的视角，我国主流的诉讼理论大都否认“沉默权规则”的正当性。西方国家根据无罪推定原则，引申出被追诉者有沉默权。沉默权规则要求尊重被告人在作出陈述方面的自由意志和自由选择权，要求司法机关不得强迫被告人作出不利于自己的供述，不因被告人保持沉默或者故意作虚假陈述而使其承受任何不利的法律后果。这一规则在我国受到了否定，本书认为原因主要有两个：一是观念上对诉讼目的的基本认识——“追求案件的事实真相”。如果允许被追诉者保持沉默的话，那么，无论是有罪的供述还是无罪的辩解，都难以为侦查人员所得到，这显然违背了以事实为根据的认识论准则。二是从司法实践的角度看，在没有被告人的供述，完全依靠旁证或是物证定案还十分困难。

第五，有关非法证据排除规则在我国难以得到真正的实施。我国的刑事诉讼法、民事诉讼法、行政诉讼法等确立了非法证据排除规则，但是法院在司法实践中遇有收集证据的程序违法的情况，很少能因其违法而将其排除于定案根据之外，而更多的情况是，法院只要确认证据材料的客观性和相关性，一般就将证据加以采纳。

第六，尽管对抗式诉讼模式在我国三大诉讼法中已经得到一定程度的确立，但是与对抗式诉讼模式相配套的相关证据规则却没有确立和实施。一般而言，对抗式诉讼意味着裁判者不再是案件证据和事实的积极调查者，也不再在诉讼中拥有较大的程序控制力，而主要局限于充当程序和实体问题的裁判者。同时，抗辩双方在诉讼中要相应的扩大程序的参与权和控制权，对证据调查承担更主要的责任。这种诉讼模式的采纳，必然会带来控辩双方对抗性的增强，并由此可能发生双方对抗失控的情况出现。为了确保在双方遵循“公平游戏规则”的前提下，进行证据调查和法庭对抗，英美等采纳对抗制的国家一般都建立了一系列的证据规则，使法官有足够的权威来促使双方遵守必要的规则，具体这方面的证据规则主要有：传闻证据规则、意见证据规则、品格证据规则、最佳证据规则、交叉询问规则等等。

第七，诉讼中的司法证明活动缺少具有可操作性的证明标准。我们注意到，无论大陆法系国家还是英美法系国家，法院对案件事实的确定，都不需要达到客观真实的程度，刑事诉讼法的证明标准是最高的，即“排除合理怀疑”。这一标准在司法活动中的可操作性是很高的，承担证明责任的一方只要把另一方提出的合理怀疑排除即可。而我国三大诉讼法都要求对案件的证明要达到“案件事实清楚，证据确实充分”，但是怎么才算是事实清楚、证据确实充分呢？其在司法实践中造成的结果，要么把证明标准定得过高（等同于客观真实），要么造成证明标准过低，草率结案。还有三大诉讼法的证明标准是不是一样的？认为三者的证明标准完全一致，这是否违背了基本的诉讼规律？

第三章

证据法的基本原则

对于证据制度的一般原则，我国学理上众说纷纭，观点不一。我们认为要想厘清证据法的一般原则必须明确以下两个关系：一是三大诉讼法共同的证据原则与特殊的证据原则的关系；二是证据法的基本原则与诉讼法的基本原则的关系。我国没有统一的证据法典，证据制度分别见于三大诉讼法的规定中，这直接导致了两个问题：第一，将诉讼法的基本原则与证据法的基本原则相混淆；第二，可以总结和整理出每种不同诉讼下的证据法特有原则，但没能抽象出一般的证据法原则。为防止上述问题的发生，本书将证据法的基本原则分为两部分：一是证据法的一般性基本原则；二是证据法的特殊性基本原则，即不同诉讼中的证据法特有原则。

第一节　证据法的一般性基本原则

一、证据裁判原则

证据裁判原则，也称为“证据裁判主义”，罗马法上有一句法谚“凡是在法庭上得到证明的，就应被视为真实的，凡是没有得到证明的，就应被看作不存在的。”整个法庭上的司法证明活动，就是以证据作为基础而存在的，因此，法庭对任何事实的认定，都必须以相应的证据存在为前提。但是有原则就有例外，法庭对有些事实可以不根据证据而认定，例如推定、司法认知。

二、直接言词原则

直接言词原则包括直接原则和言词原则。直接原则是指要求事实的裁判者必须亲自解除所有证据的最原始形式，也就是距离案件事实最近的证据材料，亲自听取证人的陈述，并从中形成自己对于证据和案件事实的判断。言词原则是指法庭上有关证据的调查和事实的认定，都必须以控辩双方口头辩论的方式进行。

三、证据合法原则

证据的合法性，又称为“证据的法律资格”，指法律对证据材料在资格、获取、保全、出示、质证等各个环节上的限制。一般而言，一项证据纵然是真实可靠的，并且与案件的待证事实具有逻辑上的关联性，也就是说该证据具有“证明力”，但如果它是不符合法律规定的资格条件，或者收集程序不合法，或者在法庭上的出示方式不合法，那么，这一证据也不能转化为法庭据以定案的根据。

四、自由判断证明力原则

自由判断证明力原则是指对证据的证明力的有无以及强弱问题，法律不作出限制性的规定，而由裁判者根据其理性、经验和良知作出自由判断。

第二节　证据法的特殊基本原则

一、无罪推定原则

任何人在法院未曾作出生效的有罪判决之前，都应被推定为无罪之人；被告人在控方的指控没有得到证明之前，也应当具有无罪公民的法律地位。无罪推定原则的根本价值在于，通过作出“被告人在法律上无罪”这一可推翻的法律推定，使被告人在诉讼程序上受到一定的保护，从而人为地构造出一个目的在于确保弱小的被告人和强大的国家追诉机关进行平等抗争的法律空间，以克制因控辩双方地位天然不平等而出现的程序不公的现象。无罪推定原则是证据法上很多具体规则的理论源泉，如证明责任的分配、被告人的沉默权、有罪判决的证明标准、疑罪从无。

二、任何人不得强迫自证其罪原则

强迫，宽泛的解释：“违背被告人的真实意愿”（强迫、诱骗、威胁）。自证其罪即自行作出不利于自己的有罪供述。沉默权规则和其他一系列证据规则都直接体现了禁止强迫自证其罪原则的精神，例如，法律上严格禁止对嫌疑人、被告人采取刑讯逼供、引供、诱供、胁迫等非法取证手段，强调被告人在庭外所做的有罪供述的自愿性，很多国家要求警察对嫌疑人进行羁押性询问时必须通知律师到场等，都从不同角度贯彻了这一原则。

三、辩论原则

所谓辩论原则，要求第一，直接决定法律效果发生或者消灭的必要事实必须在当事人的辩论中出现，没有在当事人的辩论中出现的事实不能作为裁判的依据；第二，当事人一方提出的事实，对方当事人没有争议的，法院应当将其作为裁判的依据；第三，法院对案件证据的调查只限于当事人双方在辩论中提出来的证据。

第二部分 | 证据论

第一章

证据的概念及属性

证据的概念和证据的属性是两个相关联的问题，有什么样的证据概念就有什么样的证据属性，对这两个概念不同理解会直接影响司法实践中对证据的判断，所以，它们不简单是理论界定的问题，而是会涉及到司法判断。

一、证据的概念的理论学说及评价

（一）目前我国理论界对证据概念的不同观点

第一，事实说：证据是能证明案件真实情况的一切事实。这一概念是以前我国诉讼法中的法定概念，现在已经被抛弃。第二，材料说：证据是以书证、物证、证人证言等形式表现的信息和材料。《刑事诉讼法》第48条规定，可以用于证明案件事实的材料，都是证据。可见，我国现行的诉讼法采用了材料说。第三，定案根据说：证据是经查证属实，从而作为裁判基础的材料。

（二）评价

事实说中包含价值判断，即真实性的判断，这种定义的理论根据来源于客观真实说，所以强调证据的真实性，存在的问题是，既然证据是真实的，为什么还要审查和判断证据？如何区分定案根据和证据？定案根据说只是证据运用的结果，不是一个前提条件，以刑事诉讼为例，在刑事诉讼中，证据的形式一般经历三个阶段：第一，客观的证据阶段，案件发生后，对客观世界产生的变化，但是，这种变化尚未进入人们的视野，处于一种客观状态。第二，主观证据阶段，案件的原始证据已经被人们认识，并以法定的形式被收集。第三，定案根据阶段，裁判者对收集来的证据进行全面的审查，将那些查证属实的证据材料，采纳为定案的根据。“主观证据”阶段是我们确立证据概念的根据，哪些进入办案人员的主观认识领域，并以法定的形式表现出来的证据材料，才是考察证据问题的逻辑起点，是建构证据规则的前提。

二、证据的属性与证据特征

按照我国证据法传统理论的见解，证据有三大特征：证据的客观性、证据的关联性、证据的合法性；证据有两大属性：证据能力（证据资格）、证明力。本书认为传统证据理论中的证据特征概念具有一定的误导性，尤其是证据的客观性，很多人将证据的客观性理解为证据的真实性，这种理解使得对证据的认识重新回到事实说的层面，退回到客观真实说的观念上去了。在这里应当将“证据的客观性”理解为一种感官上的客观存在即可，证据不能是主观臆想出来的。

证据的关联性问题是我国研究的一个弱点，在美国证据法中，关联性是证据可采性的先决条件，一般而言，具有证明力的证据均应当被知悉，除非存在事实的发现者应当拒绝听取该证据的明显理由。证据具有关联性，应具备两个构成要素：第一，实质性，被提供的证据与案件中的争议事实的关系；第二，证明价值，证据具有某种倾向，使对决定诉讼具有重要意义的某项事实的存在比没有该项证据时更有可能或更无可能。因此，检验一项证据是否具有证明价值，至少有两种方法：其一，一个人可以简单地提出疑问“对此证据的认识是使争议事实真相更为可能还是更不可能？”例如，一个被指控袭击邻居的人一直享有“暴力声誉”，反问之：与没有暴力声誉的人相比，有暴力声誉的人袭击邻居的可能性更大吗？其二，将假设视为成立的情况下，来考虑证据出现的可能性。例如，实施袭击行为的人享有这种声誉的可能性比未实施袭击行为的人享有这种声誉的可能性更大吗？

三、证据的属性、证据的审查与定案根据的确定

请注意，证据的属性并不简单的是一个理论界定的问题，它实际上涉及到司法实践中对证据的审查程序，证据有两大属性，在逻辑上不是并列的，而是有前后的逻辑顺序的。对证据的审查应分为三步审查：

第一步审查是对证据属性中的证据资格的审查，即对证据的合法性的审查，按照我国传统的证据法理论一般包括以下方面：证据的主体必须符合法律规定（证人、鉴定人）；证据的形式必须符合相关的法律规定（鉴定结论、勘验笔录上的签名盖章）；证据的收集程序和提取方法必须符合有关法律规定。

第二步审查是对证据属性中的证明力的审查，一般包括：对证据客观性的审查，这里的客观性，不是真实性，而只是指一个客观存在，而不是主观的臆断而已；对证据的关联性的审查，这个材料必须和案件待证事实有关联。而且这种关联性必须受到法律的限制。

如果一个材料通过了上述两步审查，意味着它成为合格的

证据了，而这一阶段正是证据规则中的证据资格规则运用的主要阶段。但是，这时它还不是定案的根据，还要经过第三步审查。

第三步审查是对证据的真实性的审查。虽然材料经过上述审查成为了证据，但是它有可能是真实的，也有可能是不真实的，必须通过证据之间的相互对比和印证，发现哪些证据以及证据的哪些部分是真实的，同时，验证这些证据用来证明案件事实的那些环节。如果证据能通过这一阶段的审查，就转化为定案的根据。

有的学者也认为对证据的审查分为两步：第一是对证据能力的审查，第二是对证明力的审查。但是他所认为地对证明力的审查包含了对真实性的审查。这种观点实际上混淆了证据和定案的证据之间的差别，如果说对证明力的审查包含了对真实性的审查的话，那么就等于说证据就是定案根据。实际上他所说的已经不是对证据的审查了，而对定案根据的审查。所以，在概念上一定要注意区分，当前所面临的问题是对证据的认定，还是对案件事实的认定。在程序上必须区分证据的审查——定案根据的审查——案件事实的认定。

第二章

证据的分类

对证据进行分类的意义有两方面：一是理论意义，可以在理论上对证据进行多角度的全方位的认识，有利于我们更全面深入地理解证据；二是实践意义，在司法实践中，对不同种类的证据可能适用不同的证明规则或证明标准，我国传统证据法理论对证据做两种划分：证据的学理分类和证据的法定分类。

第一节　证据的学理分类

一、言词证据与实物证据

言词证据是指以人类语言为内容和表现形式的证据，具体包括：被害人陈述、犯罪嫌疑人或被告人的口供、证人证言、民事、行政诉讼中的当事人陈述等。实物证据是指以实物为内容和表现形式的证据，具体包括：物证、书证、视听资料等。

这种分类对我国刑事诉讼实践影响较大，根据《刑事诉讼法》第 54 条第 1 款的规定："采用刑讯逼供等非法方法收集的犯罪嫌疑人、被告人供述和采用暴力、胁迫等非法方法收集的证人证言、被害人陈述，应当予以排除。收集物证、书证不符合法定程序，可能严重影响司法公正的，应当予以补正或者作出合理解释；不能补正或者作出合理解释的，对该证据应当予以排除。”可见，在我国并不是根据违法程度来适用非法证据排除规则的，非法证据排除规则的适用对言词证据和实物证据的采用不同的适用条件。

请特别注意的问题是，在我国司法实践中充斥着各种询问或讯问笔录，这种笔录既不是言词证据，也不是实物证据。笔录的使用实际上违反了直接言词原则，但在我国大多数笔录都具有证据性质，形成了所谓“笔录中心”的诉讼模式。笔录的发达是我国司法活动中职权主义和书面证据中心主义的产物。这种所谓的证据在我国司法实践中一直占据主要地位，《最高人民法院关于适用〈中华人民共和国刑事诉讼法〉的解释》第77条规定：“证人证言的收集程序、方式有下列瑕疵，经补正或者作出合理解释的，可以采用；不能补正或者作出合理解释的，不得作为定案的根据：（一）询问笔录没有填写询问人、记录人、法定代理人姓名以及询问的起止时间、地点的……”可见，我国司法实践中仍然将笔录作为言词证据来看待。

二、原始证据与派生证据

原始证据与派生证据的区分标准是证据与案件事实之间的关系，原始证据是直接来源于案件事实或者原始出处的证据，例如，侦查人员在犯罪现场提取的各种痕迹和物证，直接感知案件事实的证人或当事人的陈述等；派生证据是在原始证据的基础上经过复制、复印、传转、转述等方式生成的证据，例如，现场痕迹的模型、书证的复印件，转述他人感知事实的证言等。

在我国司法实践中，此种证据分类主要针对的是书证、物证的审查与认定，例如，《最高人民法院关于适用〈中华人民共和国刑事诉讼法〉的解释》第69条规定，对物证、书证应当着重审查以下内容：（一）物证书证是否为原物、原件，是否经过辨认、鉴定；物证的照片、录像、复制品或者书证的副本、复制件是否与原物、原件相符，是否由二人以上制作，有无制作人关于制作过程以及原物、原件存放于何处的文字说明和签名。第70条第1款规定："据以定案的物证应当是原物。原物不便搬运，不易保存，依法应当由有关部门保管、处理，或者依法应当返还的，可以拍摄、制作足以反映原物外形和特征的照片、录像、复制品。"第71条第1款规定："据以定案的书证应当是原件。取得原件确有困难的，可以使用副本、复制件。"

三、直接证据与间接证据

直接证据是指能够直接证明案件主要事实的证据。司法实践中，常见的直接证据包括：当事人的陈述、能证明案件主要事实的证人证言、能证明案件主要事实的书证。间接证据是指必须与其他证据连接起来才能证明案件主要事实的证据。例如，物证、勘验笔录、鉴定笔录等。

在司法实践中，这种分类主要涉及到的问题是案件中只有间接证据，没有直接证据的事实认定问题，例如，《刑事诉讼法》第53条规定："对一切案件的判处都要重证据，重调查研究，不轻信口供。只有被告人供述，没有其他证据的，不能认定被告人有罪和处以刑罚；没有被告人供述，证据确实、充分的，可以认定被告人有罪和处以刑罚。证据确实、充分，应当符合以下条件：（一）定罪量刑的事实都有证据证明；（二）据以定案的证据均经法定程序查证属实；（三）综合全案证据，对所认定事实已排除合理怀疑。"

第二节　证据的法定形式

一、物证

（一）物证的概念

物证是指以其存在的形状、质量、规格、特性等外部特征证明案件事实的。刑事诉讼中常见的物证主要有：犯罪使用的工具、犯罪遗留下来的痕迹、犯罪行为侵犯的客体、犯罪现场留下的物品等；民事诉讼中的物证主要有：有关物权争议所指向的物品、合同中的标的物、侵权行为的客体、侵权工具等；行政诉讼中常见的物证主要有：行政处罚的对象、行政侵权的客体等。

（二）物证的收集与保管

根据我国三大诉讼法的规定，物证的收集主要有以下几种方法：第一，勘验、检查；第二，搜查；第三，扣押；第四，提取与调取。物证的保管是指将物证固定后妥善加以保管和封存的活动。

（三）物证的审查和认定

关于物证的审查与认定涉及以下几个方面：第一，审查认定物证的来源是否合法；第二，审查其外部特征，以确定是否与案件事实有关联性；第三，审查判断的方法通常采用交付辨认、技术鉴定、比较印证等。

二、书证

（一）书证的概念

书证是指以其所表达的思想和记载的内容来证明案件事实的。通常诉讼中常见的书证主要有：反映行为人主体身份的书证，例如出生证、身份证、工作证等；反映人与人之间关系的书证，例如行为人之间的经济合同等；村规民约以及各种规章管理制度等。

（二）书证的收集与提供

三大诉讼法对书证的提供与收集规定不同，在刑事诉讼中，书证主要是公安司法机关通过搜查、勘验检查、扣押等方法收集，并对上述方法做出了特别的规定和要求，《刑事诉讼法》第136条第1款规定："进行搜查，必须向被搜查人出示搜查证。"第140条规定："对查封、扣押的财物、文件，应当会同在场见证人和被查封、扣押财物、文件持有人查点清楚，当场开列清单一式两份，由侦查人员、见证人和持有人签名或者盖章，一份交给持有人，另一份附卷备查。"

在行政诉讼中，书证通常情况下由被告方提供，但当事人向人民法院提供书证的，应当符合下列要求：第一，提供书证的原件，原本、正本和副本均属于书证的原件；第二，提供由有关部门保管的书证原件的复制件、影印件或者抄录件的，应当注明出处，经该部门核对无异后加盖其印章；第三，提供报表、图纸、会计账册、专业技术资料、科技文献等书证的，应当附有说明资料；第四，被告提供的被诉具体行政行为所依据的询问、陈述、谈话类笔录，应当有行政执法人员、被询问人、陈述人、谈话人签名或盖章。

在民事诉讼中，当事人、第三人对自己掌握的书证，均可以主动向法院提供，而对方当事人持有或案外第三人所持有的书证应如何提供或收集，根据《最高人民法院关于民事诉讼证据若干规定》第75条规定："有证据证明一方当事人持有证据无正当理由拒不提供，如果对方当事人主张该证据的内容不利于证据持有人，可以推定该主张成立。"人民法院调查收集书证的，根据《最高人民法院关于民事诉讼证据的若干规定》第20条："调查人员调查收集的书证，可以是原件，也可以是经核对无误的副本或者复制件。是副本或者复制件的，应当在调查笔录中说明来源和取证情况。"

（三）书证的审查判断

对书证的审查判断一般包括以下方面：第一，应当首次审查书证的制作人是否具有制作此种书证的资格；第二，审查书证的内容是否具有关联性；第三，审查书证是否有无伪造、变造的痕迹。

三、证人证言

（一）证人的资格

《刑事诉讼法》第60条规定："凡是知道案件情况的人，都有作证的义务。生理上、精神上有缺陷或者年幼，不能辨别是非，不能正确表达的人，不能作证人。"《最高人民法院关于民事诉讼证据的若干规定》第53条规定："不能正确表达意志的人，不能作为证人。待证事实与其年龄、智力状况或者精神健康状况相适应的无民事行为能力人和限制民事行为能力人，可以作为证人。"《最高人民法院关于行政诉讼证据若干问题的规定》第41条与第42条规定，"凡是知道案件事实的人，都有出庭作证的义务"，"不能正确表达意志的人不能作证"。

要正确理解证人的资格，须掌握以下几点：

第一，凡是知道案件情况并有作证能力的人，都可以作为证人。

第二，生理上、精神上有缺陷或者年幼，不能辨别是非、不能正确表达的人，不能作证。这些人能否作证，关键要看他们对客观事物能不能分清是非，能不能正确表达。我国曾经发生过这样一个案件：张某发现邻居黄某潜入其家中企图盗窃，于是奋起反抗，在搏斗中，黄某将张某杀死，黄某潜逃，但是，黄某杀死张某的过程被张某6岁的女儿看见了，公安人员在他的指认下，将凶杀抓获。此案本属平常，但是黄某的辩护律师在庭审中说“6岁的小孩不能作为证人”。这起案件的法官最后仍然认定了张某女儿的证人证言，因为，郑某的女儿虽然年幼，但是对杀人这种问题已经能够辨别是非，并也能够正确表达。因此，“生理上、精神上有缺陷或者年幼”只是丧失作为证人资格的相对条件，而不是绝对条件。

第三，证人在刑事诉讼中占有优先地位。无论是承办案件的公安司法机关的侦查人员、检察人员、审判人员以及其他参与刑事诉讼的辩护人、代理人、鉴定人、翻译人员等，如果他们知道案件情况，应优先选择其作为证人，不再担任本案中的其他人员。例如，某公安机关法医鉴定机构的法医王某在下班回家途中，亲眼目睹了李某故意伤害案的经过。在这起案件中，王某应当成为证人，而不能作为鉴定人。

第四，证人只能是公民个人。关于单位能否作为证人提供证言，刑事诉讼法没有明确规定，不过理论上一般认为，证人是以自己的感官感知案件事实为前提来提供证言的，单位作为组织，不像人那样以感官感知案情，所以，单位不能作为证人提供证言。《民事诉讼法》第72条规定，凡是知道案件情况的单位和个人，都有义务出庭作证。但是，有的学者坚持认为单位不具有证人资格，因为只有自然人才能感知案件事实，单位是没有这种感知能力的，实践中，单位所提供的资料、证明文件和其他书面材料，属于书证的范围，而不能是证人证言。[1]

---

〔1〕 樊崇义主编：《证据法学》，法律出版社2009年版，第160页。

第五，刑事诉讼中的见证人应视为“特殊证人”。见证人，是指与案件无关，而仅在勘验、检查、搜查、扣押和侦查实验等诉讼活动中，被司法人员邀请在场观察并为此作证的人。这种人是可以选择和替代的，这与证人具有差异。但是，一旦被邀请到场见证后，他就成为了解有关诉讼活动的特定人，具有不可替代性，可将见证人视为一种特殊的证人。

（二）证人的义务

第一，证人有出庭作证的义务。《刑事诉讼法》第60条第1款规定：“凡是知道案件情况的人，都有作证的义务。”《最高人民法院关于民事诉讼证据的若干规定》第55条规定：“证人应当出庭作证，接受当事人的质询。”《最高人民法院关于行政诉讼证据若干问题的规定》第41条规定：“凡是知道案件事实的人，都有出庭作证的义务。”

第二，刑事诉讼中的伪证罪。我国《刑法》第305条规定：“在刑事诉讼中，证人、鉴定人、记录人、翻译人对与案件有重要关系的情节，故意作虚假证明、鉴定、记录、翻译，意图陷害他人或者隐匿罪证的，处三年以下有期徒刑或者拘役；情节严重的，处三年以上七年以下有期徒刑。”

（三）证人的权利

第一，司法人员到证人所在单位或者住处进行询问时，证人有权要求他们出示司法机关的证明文件。

第二，证人有权用本民族的语言、文字提供证言。

第三，证人有权按照自己知道的案件情况提供证言，不受任何机关、单位和个人的干涉。

第四，证人有权要求对其个人情况给予保密。

第五，证人对司法人员侵犯其诉讼权利和人身侮辱行为，有权提出控告。

第六，证人有权要求司法机关保障自身及其近亲属的安全。《刑事诉讼法》第61条规定："人民法院、人民检察院和公安机关应当保障证人及其近亲属的安全。对证人及其近亲属进行威胁、侮辱、殴打或者打击报复，构成犯罪的，依法追究刑事责任；尚不够刑事处罚的，依法给予治安管理处罚。"

第七，证人有权向公安、司法机关要求补偿因到案作证所支出的费用，以及所减少的劳动收入。《刑事诉讼法》第63条规定："证人因履行作证义务而支出的交通、住宿、就餐等费用，应当给予补助。证人作证的补助列入司法机关业务经费，由同级政府财政予以保障。有工作单位的证人作证，所在单位不得克扣或者变相克扣其工资、奖金及其他福利待遇。"

第八，证人拒绝作证特权。我国刑事诉讼法对于证人拒绝作证特权没有规定，只是在《律师法》中规定："律师应当保守在执业过程中知悉的国家秘密、商业秘密，不得泄露当事人的隐私。"综合各国的立法和实践，证人拒绝作证权主要适用于以下三种情况：一是因亲情血缘关系而产生的拒证权；二是因特定职业而产生的拒证权；三是因个人原因而产生的拒证权。

（四）证人的保护

在司法实践中，要解决证人出庭作证的问题首先要解决证人的安全保证问题。如何保护证人一直是世界各国法律面临的重要问题。例如，美国司法部在1970年依据《有组织犯罪控制法案》第5条的规定确立了联邦证人保护程序，1984年又通过了《证人安全改革法案》，修正了联邦证人保护程序的诸多弊端。《刑事诉讼法》第62条第1款规定："对于危害国家安全犯罪、恐怖活动犯罪、黑社会性质犯罪、毒品犯罪等案件，证人、鉴定人、被害人因在诉讼中作证，本人或者其近亲属的人身安全面临危险的，人民法院、人民检察院和公安机关应当采取以下一项或者多项措施：（一）不公开真实姓名、住址和工作单位等个人信息；（二）采取不暴露外貌、真实声音等出庭作证措施；（三）禁止特定的人员接触证人、鉴定人、被害人及其近亲属；（四）对人身和住宅采取专门性保护措施；（五）其他必要的保护措施。证人、鉴定人、被害人认为因在诉讼中作证，本人或者近亲属的人身安全面临危险的，可以向人民法院、人民检察院、公安机关请求予以保护。人民法院、人民检察院、公安机关依法采取保护措施，有关单位和个人应当配合。”

（五）证人证言的审查与认定

第一，对证人证言应当着重审查以下内容：①证言的内容是否为证人直接感知；证人作证时的年龄、认知、记忆和表达能力，生理和精神状态是否影响作证；证人与案件当事人、案件处理结果有无利害关系；②询问证人是否个别进行；③询问笔录的制作、修改是否符合法律、有关规定，是否注明询问的起止时间和地点，首次询问是否告知证人有关作证的权利义务和法律责任，证人是否对询问笔录核对确认；④询问未成年人，是否通知其法定代理人或者有关人员到场；⑤证人证言有无以暴力、威胁等非法方法收集的情形；⑥证言之间以及与其他证据之间能否相互印证，有无矛盾。

第二，证人证言的搜集程序、方式有下列瑕疵，经补正或者作出合理解释的，可以采用；不能补正或者作出合理解释的，不得作为定案的根据：①询问笔录没有填写询问人、记录人、法定代理人姓名以及询问的起止时间、地点的；②询问地点不符合规定的；③询问笔录没有记录告知证人有关作证的权利义务和法律责任；④询问笔录反映出在同一时间段，同一询问人员询问不同证人的。

第三，证人当庭做出的证言，经控辩双方质证、法庭查证属实的，应当作为定案根据。证人当庭作出的证言与其庭前证言矛盾，证人能够作出合理解释，并有相关证据印证的，应当采信其庭审证言；不能作出合理解释的，而其庭前证言有相关证据印证的，可以采信其庭前证言。经人民法院通知，证人没有正当理由拒绝出庭或者出庭后拒绝作证的，法庭对其证言的真实性无法确认的，该证人证言不得作为定案的根据。

四、被害人陈述

（一）被害人陈述的概念及特点

被害人陈述，是指受犯罪行为直接侵害的人向公安机关、人民检察院或人民法院就其遭受犯罪行为侵害的事实和有关犯罪嫌疑人、被告人的情况所作的陈述。其特点包括：

第一，根据我国刑事诉讼法的规定，被害人作为诉讼主体，具有独立的当事人的地位，被害人陈述是一种独立的诉讼证据。

第二，被害人既可以是自然人，也可以是法人。法人被害人有自己的陈述，这一陈述由其法定代表人做出，也可以委托或者授权诉讼代理人参与诉讼，代理授权的诉讼行为。

第三，被害人是特定的人，具有不可替代性，决定了其陈述的专属性。

（二）被害人陈述的审查与认定

根据《最高人民法院关于适用〈中华人民共和国刑事诉讼法〉的解释》的规定，被害人陈述的审查、认定与证人证言的审查、认定适用相同的规则。

五、犯罪嫌疑人、被告人的供述和辩解

（一）犯罪嫌疑人、被告人的供述和辩解的概念

犯罪嫌疑人、被告人供述和辩解，是指犯罪嫌疑人、被告

人就有关案件情况，向侦查人员、检察人员和审判人员所作的陈述，即口供。

（二）犯罪嫌疑人、被告人的供述和辩解的审查和认定

第一，对被告人供述和辩解应当着重审查以下内容：①讯问的时间、地点，讯问人的身份、人数以及讯问方式等是否符合法律、有关规定；②讯问笔录的制作、修改是否符合法律、有关规定，是否注明讯问的具体起止时间和地点，首次讯问时是否告知被告人相关权利，被告人是否核对确认；③讯问未成年被告人时，是否通知其法定代理人到场，其法定代理人是否到场；④被告人的供述有无以刑讯逼供等非法方法收集的情形；⑤被告人的供述是否前后一致，有无反复以及出现反复的原因；被告人的所有供述和辩解是否均已随案移送；⑥被告人的辩解内容是否符合案情和常理，有无矛盾；⑦被告人的供述和辩解与同案被告人的供述和辩解以及其他证据是否能相互印证，有无矛盾。

第二，审查被告人供述和辩解，应当结合控辩双方提出的所有证据以及被告人的全部供述和辩解进行。被告人庭审中翻供，但不能合理说明翻供原因或者其辩解与全案证据矛盾，而其庭审前供述与其他证据相互印证的，可以采信其庭前供述。被告人庭前供述和辩解存在反复，但庭审中供认且与其他证据相互印证的，可以采信其庭审供述；被告人庭前供述和辩解存在反复，庭审中不供认，且无其他证据与庭前供述印证的，不得采信其庭前供述。

六、当事人陈述

（一）当事人陈述的概念

当事人陈述，是指当事人就有关案件的情况向人民法院所

作的说明，它包括当事人自己说明案件事实和对案件事实的承认。当事人陈述是法定证据种类之一，在民事诉讼法和行政诉讼法中均有明文规定。

（二）当事人承认

当事人承认是当事人作出的承认性陈述，是指一方当事人对他方当事人所提出的事实或者诉讼请求，明确表示予以承认的陈述。当事人的承认具有免除对方当事人举证责任并对法院行使审判权产生拘束力的效果，因此它的成立需要具备一定的条件：

其一，当事人承认仅指诉讼上的承认，而不包括诉讼外的承认。

其二，当事人作出承认的时间，必须在诉讼程序的延续过程中。具体来说，当事人既可以在起诉阶段或者开庭审理前的准备阶段表示承认，如原告在起诉状中表示承认，被告在答辩状中表示承认等，也可以在开庭审理过程中表示承认。

其三，当事人只有向审理该案的审判人员作出承认，才能构成诉讼上的承认，才能产生应有的法律效果。

其四，当事人承认必须有明确的意思表示，表达的态度是积极的，不是消极的，必须用语言或者书面形式积极做出，一般不能依据消极沉默加以推测。《关于民事诉讼证据的若干规定》第8条第1、2款规定："诉讼过程中，一方当事人对另一方当事人陈述的案件事实明确表示承认的，另一方当事人无需举证。但涉及身份关系的除外。对一方当事人陈述的事实，另一方当事人既未表示承认也未否认，经审判人员充分说明并询问后，其仍不明确表示肯定或者否定的，视为对该项事实的承认。"

（三）当事人承认的撤销

当事人承认一旦有效作出，当事人便不得就所承认的事实进行争执，也不得任意撤销。这是诉讼中禁止反言原则的体现。但是，为了兼顾诉讼的公平，在有的情况下，也允许作出承认的当事人主张承认无效或者撤销。《最高人民法院关于民事诉讼证据的若干规定》第8条第4款规定："当事人在法庭辩论终结前撤回承认并经对方当事人同意，或者有充分的证据证明其承认行为是在受胁迫或者重大误解情况下作出且与事实不符的，不能免除对方当事人的举证责任。"《最高人民法院关于行政诉讼证据若干问题的规定》第67条也强调，对一方当事人提供的证据，对方当事人明确表示认可须是在"不受外力影响"的情况下，才可以认定该证据的证明效力。

七、鉴定结论

（一）鉴定结论的概念及特点

鉴定结论，是指鉴定人根据公安司法机关的指派或者聘请，运用自己的专门知识和技能对案件中需要解决的专门性问题进行鉴定后所作出的结论性的判断。在司法实践中的鉴定结论包括：法医鉴定、司法精神病鉴定、痕迹鉴定、化学鉴定、会计鉴定、文件书法鉴定以及其他鉴定。在英美法系国家，鉴定人被称为"专家证人"，是证人的一个组成部分，鉴定人在法庭上所作的判断意见属于"证人证言"；在大陆法系国家，将鉴定结论视为独立的证据形式；我国和大陆法系国家一样，他与证人证言虽然同属人证，但是二者各有特点，其区别如下：

第一，证人作证不需要具备何种专门知识，只要能够辨别是非、正确表达，就可以作为证人；而鉴定人需要具备有关的专门知识。

第二，鉴定结论是一种具有科学根据的意见；而证人证言是证人就其所知道的案件事实情况所作的陈述，而不是对案件事实的意见性判断。

第三，鉴定人是在案件发生后，由司法机关有选择的指派或聘请，具有可替代性；证人是在案件发生过程中形成的，具有不可替代性。

第四，只要了解案件情况的人，依法都有作证的义务，都可以充当证人，证人不存在回避的问题；鉴定人不同，如果与本案或者本案的当事人有利害关系，应当回避，不能接受指派或者聘请。

第五，鉴定人为了提供科学的结论，可以要求了解有关案情或者阅览有关案卷材料，几个鉴定人共同鉴定时，可以相互讨论，共同写出鉴定结论；证人不能要求了解案情，而且法律明确规定询问证人应当分别进行，证人之间不能相互讨论，以免相互影响。

（二）鉴定人的资格

第一，鉴定人必须是解决本案专门问题有专门知识的自然人，而不是法人，法人可以为鉴定提供条件，但其鉴定结论必须由鉴定人制作并由其个人负责签名。

第二，鉴定人必须是受到公安司法机关的指派或聘请。这也就意味着，如果一个人即使具有解决案件专门问题的知识，如果没有受到公安司法机关的指派或聘请，那么，他所出具的材料也不能被称为鉴定结论。在我国现行鉴定体制下，鉴定人有专职鉴定人和兼职鉴定人之分，前者是指在公安司法机关系统内设置的从事科学技术鉴定的人员，他们受指派后对诉讼中的专门性问题作出鉴定；后者是临时受公安司法机关聘请就案件中的专门性问题作出鉴定的人。

第三，鉴定人应当与案件当事人或者案件无利害关系。如果鉴定人遇有我国《刑事诉讼法》第 28 条规定的回避事由之一的，应当自行回避，不得参加该案件的诉讼活动，当事人及其法定代理人也有权要求其回避。

第四，《关于司法鉴定管理问题的决定》第4条第2款规定："因故意犯罪或者职务过失犯罪受过刑事处罚的，受过开除公职处分的，以及被撤销鉴定人登记的人员，不得从事司法鉴定业务。"

第五，鉴定结论从性质上看，属于"意见性证据"，它不是对客观事物的描述和记录，而是鉴定人根据自身的知识对专门性问题的判断，因此，对同一问题，作出不同的鉴定结论是可以理解的。但是需要注意的是，鉴定结论不应当就法律问题做出论断。例如，在一起失火责任事故案件的法庭审判中，审判长宣读了如下一份鉴定结论：被告人梁军在生产中一贯不负责任。3月31日晚，梁在锅炉房值班时，竟擅离职守，上街吃面条、卖香烟，长达一个半小时不在生产岗位，只是锅炉温度失去控制，因而引起火灾。鉴定人：某公安局消防科。这份鉴定结论所存在的问题是：第一，鉴定人不能是法人或单位，只能是自然人；第二，该鉴定结论并没有在科学上回答起火的原因这个专门问题，而是从规章制度上对被告人的行为一般地进行法律评价，如鉴定结论中所谓的"一贯不负责任、擅离职守"等，显然属于法律问题，已经超出了鉴定结论内容应有的范围。

（三）鉴定结论的审查和认定

审查鉴定结论应当注意以下几点：

第一，鉴定人的条件是否具备；

第二，鉴定结论所依据的送检材料是否充分、真实；

第三，鉴定的设备是否先进，鉴定的方法是否科学；

第四，鉴定结论的依据是否科学；

第五，综合全案证据进行审查判断；

第六，《最高人民法院关于适用〈中华人民共和国刑事诉讼法〉的解释》第86条："经人民法院通知，鉴定人拒不出庭作证的，鉴定意见不得作为定案的根据。鉴定人由于不能抗拒的原因或者有其他正当理由无法出庭的，人民法院可以根据情况决定延期审理或者重新鉴定。对没有正当理由拒不出庭作证的鉴定人，人民法院应当通报司法行政机关或者有关部门。"

八、勘验、检查以及现场笔录

（一）勘验、检查以及现场笔录的概念

勘验、检查笔录是指办案人员对与案件有关的现场、物品、人身进行勘验、检查时，所作的文字记载，并由勘验检查人员和在场见证人签名的一种书面文件。现场笔录，是行政诉讼中一种特有的法定证据，是指国家行政机关及其工作人员对违反行政法律规范的行为当场作出处理而制作的文字记载材料。其具体种类包括：现场勘验笔录、物证检验笔录、尸体检验笔录、人身检查笔录、侦查实验笔录、现场笔录。

勘验、检查笔录是一种独立的证据种类。它不同于物证，勘验检查笔录虽然客观地记载有物证资料，但它只是反映物证和保全物证的一种方法，比如物证的特征、所处空间位置、物证之间的外部联系等，而且它是在案件发生后由司法人员制作的，而物证是在案件发生过程中使用的物品或形成的痕迹，因此，勘验检查笔录不是物证本身，与物证不同。

勘验检查笔录也不同于书证。勘验检查笔录虽然是以内容来证明案件事实的书面材料，但是，它与书证有本质的区别。书证形成于案件发生之前或案件发生过程中，一般是由证人、犯罪嫌疑人、被害人提供的；而勘验检查笔录是在案件发生后，由司法人员通过勘验、检查客观地作出的一种特殊的书面材料。

勘验检查笔录与鉴定结论不同。首先，两者制作的主体不同，勘验检查笔录的制作主体是司法人员，而鉴定结论的制作主体是鉴定人；其次，两者运用的方法不同，勘验检查笔录是司法人员运用自己的感官或者器材直接观察、测量时所作的如实记录，不具有分析判断的成分，而鉴定结论是对专门问题检验分析后的一种判断性结论。

（二）勘验、检查笔录的特点

第一，勘验检查笔录具有实况记录的性质，具有较强的客观性。这也同时意味着，制作者只能记录自己看到、听到或者以其他方式感知到的实事情况，不能记录自己的分析、推测和判断。

第二，勘验检查笔录具有综合性。它所反映的往往不是客体的单方面特征，而是多方面的综合特征，例如反映犯罪现场多种证据的组合情况，包括物证之间的关系及其与周围环境的关系等，因而具有综合证明的作用。

第三，勘验检查笔录一般都是间接证据。这种笔录是对有关人、物、场所的状况的记录，这些状况往往是犯罪行为的结果，不能证明曾经发生的案件的主要事实，因此，它必须和其他证据相结合才能证明案件的主要事实。

第四，勘验检查笔录具有严格的规范性。这种规范性表现在：首先，笔录格式的规范性，包括使用格式化的表格或者专门的笔录纸；其次，笔录用语的规范性，包括名称用语和描述用语等；再次，笔录签名的规范性，这是笔录具有证明效力的重要保证。

（三）勘验检查及现场笔录的审查与认定

第一，审查认定勘验、检查及现场笔录在制作上是否符合法定程序。包括：制作主体是否符合法律规定；审查当时有无见证人在场，是否通知民事、行政诉讼当事人或者其成年家属到场；审查勘验检查人和见证人是否在笔录上签名或盖章，现场笔录是否经过当事人核实，确认并签名、盖章。

第二，现场的保护情况。笔录中所记载的现场情况、物品、痕迹等有无受到自然环境或人为的破坏，笔录上有无篡改或者伪造现象发生等。

第三，审查笔录的客观性、完整性和准确性。例如，笔录上记载的物证、痕迹、现场环境等与从现场收集到的实物证据是否吻合；采用文字记录以及绘图、现场录像、拍照等所反映案件事实的各个部分是否相互照应，有无相互抵触的情况；现场记录有无遗漏之处；笔录所表述的内容有无推测、臆断。

九、视听资料

（一）视听资料的概念

视听资料，是指以录音、录像、电子计算机以及其他高科技设备储存的信息证明案件情况的材料。常见的视听资料是录音和录像，例如，银行、超市、宾馆的摄像镜头拍摄的录像带。另外，电脑的磁盘、光盘以及互联网上的信息也属于视听资料，例如，在互联网的论坛上发表国家禁止的言论等。应当注意的是：在询问证人、被害人，讯问犯罪嫌疑人过程中进行的录音，应当属于证人证言、被害人陈述和犯罪嫌疑人、被告人供述和辩解；勘验检查中进行的录像，应当是勘验检查笔录的一个组成部分，这些都不应当作为视听资料来对待。

（二）视听资料的审查与认定

《最高人民法院关于适用〈中华人民共和国刑事诉讼法〉的解释》第92条规定：

第一，是否附有提取过程的说明，来源是否合法；

第二，是否为原件，有无复制及复制份数；是复制件的，是否附有无法调取原件的原因、复制件制作过程和原件存放地点的说明，制作人、原视听资料所有人是否签名或者盖章；

第三，制作过程是否存在威胁、引诱当事人等违反法律、有关规定的情形；

第四，是否写明制作人、持有人的身份，制作的时间、地点、条件和方法；

第五，内容和制作过程是否真实，有无剪辑、增加、删改等情形；

第六，内容与案件事实有无关联。

十、电子证据

（一）电子证据的概念

关于电子证据的界定，理论界莫衷一是。从刑事诉讼法的规定看，以电子形式表现出来的，用以证明案件事实的一切材料都是电子证据。诸如BBS留言、网络聊天记录、电子邮件、软件使用界面等在计算机或者计算机系统运行过程中产生的，以其记录的内容来证明案件事实的电磁记录物，都属于电子证据的范畴。

（二）电子证据的审查与认定

《最高人民法院关于适用〈中华人民共和国刑事诉讼法〉的解释》第93条规定："对电子邮件、电子数据交换、网上聊天记录、博客、微博客、手机短信、电子签名、域名等电子数据，应当着重审查以下内容：（一）是否随原始存储介质移送；在原始存储介质无法封存、不便移动或者依法应当由有关部门保管、处理、返还时，提取、复制电子数据是否由二人以上进行，是否足以保证电子数据的完整性，有无提取、复制过程及原始存储介质存放地点的文字说明和签名；（二）收集程序、方式是否符合法律及有关技术规范；经勘验、检查、搜查等侦查活动收集的电子数据，是否附有笔录、清单，并经侦查人员、电子数据持有人、见证人签名；没有持有人签名的，是否注明原因；远程调取境外或者异地的电子数据的，是否注明相关情况；对电子数据的规格、类别、文件格式等注明是否清楚；（三）电子数据内容是否真实，有无删除、修改、增加等情形；（四）电子数据与案件事实有无关联；（五）与案件事实有关联的电子数据是否全面收集。对电子数据有疑问的，应当进行鉴定或者检验。”第94条规定：“视听资料、电子数据具有下列情形之一的，不得作为定案的根据：（一）经审查无法确定真伪的；（二）制作、取得的时间、地点、方式等有疑问，不能提供必要证明或者作出合理解释的。”

第三部分 | 司法证明

第一章

司法证明的概念与司法证明环节

第一节　司法证明概念

一、司法证明与诉讼模式

（一）司法证明与诉讼模式关系传统观点

有的学者认为，英美法系国家采用当事人主义诉讼模式，这一诉讼模式的特点是：由控辩双方进行实质性对抗并推动诉讼的进程，法官仅仅是消极、中立的裁判者。“法官在当事人的诉讼对抗中，充当客观中立的裁判者。因此，在证据调查方面，其表现较为被动。”[1] 在这种自由式的平等对抗中，对控辩双方的举证、质证如果不设立严格具体的标准和规则，当事人则可能会毫无拘束的任意举证、质证，也可能会随意辩驳，法官可能随意采证，由此造成诉讼拖延、争点模糊、甚至真假难辨及审判不公的后果，因此，约束证明行为的一系列的证据规则

〔1〕 龙宗智：《刑事庭审制度研究》，中国政法大学出版社 2001 年版，第 98 页。

应运而生。[1] 在大陆法系国家，实施职权主义诉讼模式，这一模式的特点是：法官处于审判的核心，为了追求案件的客观公正和实质真实，法官具有主动调查取证、推进庭审进程的权力。审判庭担负着查明案件客观事实的责任，因此，法官必须积极主动地去收集调查证据，采用自己认为有益于发现真相同时不违反法律的一切证明方法。虽然没有详细的证据规则，但是也无需担心诉讼拖延和争点模糊。

（二）反思

上述观点已经被我国证据法学理论界的很多学者所接受，认为英美法系的当事人主义的诉讼模式决定了其证据制度的细致与完备，大陆法系的职权主义诉讼模式决定了其证据制度的简单与抽象。然而，必须认识到这种诉讼模式的差异所导致的证据法上的问题只是历史起源性质的，并不能代表当代两大法系的证据制度现状，更不能成为分析两大法系证据制度差异的根本原因。当前各国的证据制度都趋于细致与完备，这虽然与诉讼模式的改变有一定的关系，但是其主要原因：第一，法律真实观在各国诉讼中的确立。很多国家改变了以往对案件实质真实的追求，认识到案件的真实必须是一种建立在合法性基础上的真实，是一种建立在对证据的合法性进行严格审查基础上的真实，是一种达到了法律所要求的证明标准的真实。它不是百分之百的客观真实，与客观真实有时候会不可避免地出现误差。因此，诉讼的重心自然就会转移到对证据的合法性审查上来，证据制度就逐渐变得细致完备。第二，证据规则的确立不仅是对控辩双方当事人的一种约束，同时也是对法官的一种约束，这种约束既包括直接约束也包括间接约束。例如对抗辩双

---

〔1〕 宋强：《我国刑事证据规则体系构建研究》，法律出版社2007年版，第13页。

方的举证和质证行为的约束，也间接约束了法官的认证行为，因为法官的认证必须建立在抗辩双方的举证和质证的基础之上。证据法中关于认证的规则直接约束了法官的认证行为。换言之，在今日，无论英美法系国家还是大陆法系国家，都需要大量的证据制度来确立法律的真实观，来约束法官和当事人的证明行为。第三，随着时代的发展，很多职权主义的国家开始引入当事人主义诉讼模式下的平等对抗因素，对案件事实的调查和发现开始强调当事人双方在诉讼中的证明行为作用，而不是法官依据职权的查明行为的作用，这导致他们必须改变相应的证据规则。在司法活动中，查明是一个经常使用的概念，也是一个容易与证明相混淆的概念，尤其是受到职权主义诉讼模式及其观念的影响，很容易把查明和证明等同起来。查明是一种自向证明，即让自己明白；证明是一种他向证明，即让他人明白。一般说来，他向证明的主体在进行证明时都已经通过不同途径和方式查明了案件事实。在诉讼中以其昏昏，使人昭昭，是根本行不通的。可以说，查明是证明的基础，证明是查明的目的。在证据法中区分这两个概念是非常重要的，就司法活动而言，在很多情况下，让自己明白不能，最难的是让别人明白。值得我们注意的是，虽然诉讼活动中的证明可以通称为证明，虽然审判人员在证明过程中起着非常重要的作用，但是，审判人员不是用证据向他人说明案件事实的人，而是查明案件事实的人。简言之，审判人员是证明活动中的被说服者，而不是说服者。

二、司法证明的概念

（一）司法证明

所谓司法证明是指司法人员或司法活动的参与者运用证据明确或表明案件事实的活动。这里包括两层含义：其一，是提出事实主张的当事人、律师、检察官用证据向法官说明或表明案件事实存在与否的活动。其二，是法官运用证据查明和认定案件事实的认识活动。狭义的证明，仅指前一种含义上的证明。

（二）司法证明制度的构成要素

1. 证明对象。证明对象即证明的客体，又称为待证事实，它是法律规定的诉讼中的双方必须证明的、司法人员为正确处理案件必须查明的案件事实。证明对象在证明过程中具有重要作用，只有明确了证明对象，才能进一步明确相应的主体的证明责任，需要达到的证明标准，应当采取的证明方法和使用的证明程序。

2. 证明主体与证明责任。证明主体是依法承担证明义务、享受证明权利的主体。证明责任和证明主体不可分离，证明主体是承担证明责任的主体。证明责任解决的问题是，案件中涉及到的某一实体问题或者程序问题由哪一方当事人来提供证据予以证明，如果案件事实真伪不明，应当由哪一方当事人承担不利的诉讼后果，因此，证明责任的分配在诉讼中是一个非常关键的问题。

3. 证明标准。证明标准是指承担证明责任的证明主体对自己需要证明的对象证明到什么样的程度，才算完成了法律所要求的标准，才算完成了自己的证明责任。证明标准根据诉讼性质的不同而不同，一般说来，刑事诉讼的证明标准高于民事诉讼的证明标准；证明标准根据证明对象的性质不同而不同，一般说来，实体法事实的证明标准高于程序法事实的证明标准。

4. 证明的方法。司法证明方法是指司法活动中运用证据证明案件事实的方法。各国证据立法中对这一问题主要规定了两种证明方法：一是推定；二是司法认知。推定是指从已知的事实或者判断出发，按照一定的逻辑规律和规则，推导出新的认识和判断。司法认知是指法官对于待证事实，在审判中不待当事人举证而直接予以确认，作为判决的依据。

第二节　司法证明环节

一、取证

（一）取证的概念

所谓取证是指调查人员为揭示案件事实或证明事实主张，而依法展开的搜集证据、初步审查证据以及保全证据的专门活动。我国证据制上将其成为证据的收集与保全，值得注意的是，这一概念相当于狭义的证据调查，因为取证作为司法证明的第一环节，往往只涉及庭前的为获取未知证据而开展的调查活动；而广义的证据调查不仅包括庭前的各种调查活动，也包括庭上活动，但是庭上的证据调查活动不属于取证。

（二）取证的主体

取证的主体是各种调查人员，包括两类：一是权力型取证，其主体是拥有司法权或行政执法权的国家机关及其工作人员，开展强制性收集与保全证据的活动；二是权利型取证，其主体是案件当事人及其律师，开展非强制性收集和保全证据的活动。

（三）取证的方法

取证的方法，多种多样，有法律作出明文规定的，例如在三大诉讼法以及各部门规章中可以找到的调查方法：询问、讯问、辨认、搜查、勘验、检查、调查试验、鉴定、保全方法等。还有法律没有作出明确规定的方法，例如诉讼取证、悬赏取证、收买取证等。但是，不论采取具体的取证方法如何，调查人员都必须依法办事。

（四）取证的规则

1. 不得强迫自证其罪规则。不得强迫自证其罪规则，又称为“拒绝自我归罪的特权”，它来源于“任何人无义务控告自己”的古老格言，是指“任何人都没有义务回答在法官看来，有可能使作证者陷于法官认为可能被控告或起诉，导致任何刑事指控、刑罚或没收的任何问题”[1]。不得被强迫自证其罪包括两个方面的含义：一是被告人可以选择不作证；二是即使被告人选择作证，也有权拒绝回答特定的问题。

在美国，由联邦宪法在所有法院中保障的不得强迫自证其罪实际上有两种特权：一个是刑事被告人的，包括拒绝作证的权利和拒绝回答特定问题的权利；一个是民事或者刑事诉讼中的证人的，可以拒绝回答可能使他陷于刑事追诉或者刑事责任的特定问题。这一权利不仅被西方国家普遍接受，而且已经成为联合国公约中规定的司法准则之一。

需要注意的是，不得强迫自证其罪规则的适用条件：其一，该规则的适用条件是刑事追诉的危险必须是真实存在的；其二，该特权仅适用于证言交流的证据，而不适用于书证或者物证的情况；其三，该特权不仅适用于直接强迫提供的证言，也适用于间接强迫提供的证言；其四，该特权仅适用于自然人，不适用于法人团体或者其他各种组织；其五，该特权也不适用于政府部门要求提交的私人记录材料；其六，该特权通常不适用于已经提供归罪证言的证人，但如果证人后来的证言会明显地增大被追诉危险的除外。

特权通常在以下情况被视为放弃：其一，如果一名被告人通过选择出庭作证和自由陈述证言便放弃了该特权；其二，如

[1] Per Goddard, L. J., *in Blunt v. Park Line Hotel*, *Ltd.*, (1942) 2K. B. 253, p. 257.

果一名证人自愿地部分透露归罪性事实便放弃了该特权，因而可以被强迫陈述更多的事实，除非该陈述会明显增加其被起诉的危险。

《刑事诉讼法》第50条规定：“审判人员、检察人员、侦查人员必须依照法定程序，收集能够证实犯罪嫌疑人、被告人有罪或者无罪、犯罪情节轻重的各种证据。严禁刑讯逼供和以威胁、引诱、欺骗以及其他非法方法收集证据，不得强迫任何人证实自己有罪。必须保证一切与案件有关或者了解案情的公民，有客观地充分地提供证据的条件，除特殊情况外，可以吸收他们协助调查。”可见，我国在刑事诉讼法中已经确立了“不得强迫自证其罪规则”，但是仍然存在着不足之处：第一，没有在宪法中确立这一规则，刑事诉讼法是宪法的适用法，宪法为刑事诉讼法的实施提供宪法性的保障，如果不能上升到宪法的高度，将这一权利上升为宪法性权利，并通过宪法加以保障，应该说这一规则的确立是不够充分的；第二，《刑事诉讼法》第50条只是做了原则性的规定，如何落实这一规则需要进一步的制度完善，例如，如果不赋予犯罪嫌疑人、被告人以沉默权，不得被强迫自证其罪规则的权利在实践中很难得到落实。

2. 令状规则。所谓令状规则是指司法人员必须持有专门司法机构或者人员签发的法律文书方能实施某一特定的司法行为的规则。在刑事诉讼中，是指警察必须持有由法官签发的特定的法律文书，如逮捕令、搜查令、扣押令等，才能实施特定的行为，如逮捕、搜查、扣押等。对令状规则的理解，应注意以下几点：其一，公民的自由权、财产权和隐私权依法受到法律的保护，在一些国家还以宪法的形式规定，对此类权利的侵犯，必须根据令状才能进行；其二，令状只能由中立的第三方法官作出，不能由侦查机关自己决定，因为设置令状的目的就是为了扼制非法的或者不当的司法行为；其三，法官在签发令状时必须根据法律规定的正当理由并进行审查；其四，令状必须明确具体，必须载明实施的时间、地点、范围、对象、目的等事项，禁止签发普遍适用的令状。

令状规则案是司法权与行政权分离的结果。在现代社会中，司法权独立于行政权，并且对行政权进行制约，形成“司法控制下的行政”状态。令状是司法（法院）控制行政（警察机关）的表现。美国联邦宪法修正案第4条规定：“人民有保障其人身、住所、文件和财物不受无理搜查和扣押的不可侵犯的权利。除有以宣誓或者正式证词为依据的可能的理由，其中特别说明应予搜查的地点，拘捕的人等或者查封的物件外，不得颁发搜查证、拘捕证或扣押证。”根据这一规定，警察在执行逮捕、搜查、扣押之前，必须获得令状。令状由治安法官签发，警察需要提供给治安法官足够的证据，证明实施该行为具有可成立的理由，法官根据法律审查后，对符合条件的才签发令状。需要注意的是，美国宪法修正案只是一个原则，在该原则之外存在一些例外，即允许紧急情况下的无证逮捕、无证搜查。

我国《刑事诉讼法》规定的对公民人身、财产、隐私权的侵犯措施可分为三类：第一类是强制性的侦查行为；第二类是刑事诉讼中的强制措施；这两类是刑事诉讼法明确规定的。第三类是技术侦查手段或秘密侦查手段，这类在我国司法实践中普遍存在，而立法还需要重点完善的。就强制性的侦查行为而言，包括询问、讯问、搜查、扣押、鉴定、通缉。被集中规定在《刑事诉讼法》第二编第二章的侦查中，我国将其适用的决定权完全交给了侦查机关，并没有实施法官令状制度，警察是否实施、如何实施这些强制性的行为，可以自行决定而不受法官的任何制约。就各种强制措施而言，被规定在《刑事诉讼法》

总则的强制措施一章，包括拘传、取保候审、监视居住、拘留和逮捕。对于这些强制措施的适用，警察除了不能自行决定逮捕外，其他四种强制措施都可以自行决定，对警察提出逮捕请求的批准权不属于法官而属于检察院。就技术侦察手段而言，包括窃听、秘密搜查、秘密提取物证、邮检、秘密录音录像等，目前对此我国刑事诉讼法没有规定，这些手段的使用都可以由侦查机关自行决定。

二、举证

（一）举证的概念

所谓举证是指诉讼双方在审判或者证据交换过程中向法庭提供证据证明其主张之案件事实的活动。

（二）举证的主体

各方当事人（公诉案件中的公诉人），不包括审案的法官。虽然，按照我国现行诉讼法的规定，人民法院在特定条件下可以依职权调查收集一部分证据，但这些证据却不适合由法官在法庭上出示，而应当由某一方当事人出示。因为，这些证据总是对一方有利，对另一方不利的，如果法官出示的话，就会出现形成不便于质证，甚至法官不中立的局面。所以，无论是在刑事诉讼、民事诉讼或行政诉讼中，那些由法官获取的证据对当事人哪一方有利，即交由他去完成举证程序。

（三）举证的客体

对当事人本方有利的证据，即本证。在我国刑事诉讼实践中，侦查人员在侦查阶段可能搜集到一些证明被告人无罪、罪轻的证据，但公诉人在审查过程中认为这些证据不属实，不属于指控范围，所以就没有向法庭出示，如果辩方律师通过种种渠道知道了控方掌握这种证据，要求公诉人在法庭上出示，这种情况如何处理？如果由控方提出这些证据，难以形成质证，比较现实的做法是，由辩方向法庭提出申请，控方将所掌握的这些证据转交给辩方，由辩方出示，然后，再由控方进行质证。

（四）举证的时间

庭审阶段和证据交换阶段。所谓证据交换，又称为证据展示，可以视为举证的预备程序，也可以称为宽泛意义上的举证。这种制度早已在世界上许多国家采用，我国的民事诉讼、行政诉讼中也基本确立了这一制度，但是在刑事诉讼中还处于摸索阶段。从我国的法律规定和司法实践的做法来看，证据交换不是所有诉讼的必经程序，通常适用于案情比较复杂或者证据数量较多的案件，组织交换证据的时间可以由当事人双方来协商，也可以由法院决定，但必须是在开庭审理之前。

（五）庭审中举证顺序

1. 举证顺序的基本原则。根据诉讼活动中证明责任分配的原则，庭审中举证的基本顺序应该是先原告后被告。即先由提起诉讼的一方举证，再由被起诉的一方举证。具体说来，诉讼举证可以分为几轮进行，在首轮举证中，原告方（控方）先行举证，然后由被告方（辩护方）进行举证。在第一轮举证结束之后，如果双方还有反驳的证据，可以再按照先原告后被告的顺序进行第二轮、第三轮的举证。

2. 司法实践中常见的举证顺序。第一，按事件发生的时间顺序进行举证。例如在刑事诉讼中，被告人被指控先后实施了盗窃或抢劫等多起同类犯罪，那么公诉人可以按这几起案件的时间顺序分别举证。第二，按照事实要素在案件中的重要程度进行举证。先就案件的核心事实进行举证，然后再就案件的外围事实要素进行举证。例如，围绕主犯的举证法，围绕主罪的举证法。第三，按照事实要素之间的因果关系进行举证。由因及果，由果及因。

（六）庭审中的举证方式

1. 言词证据的举证方式以口头陈述为主，以书面陈述和笔录为辅。

2. 实物证据的举证方式应该以原始物为主，以复制物为辅。

3. 电子证据的举证方式可以考虑庭审时直接上网调取。这种方法又称为“网络勘查”法，它是国内一些法院在涉及网络案件而许可的一种举证方法。因为，电子证据常常是海量证据，难以全部打印出来举证，所以，在条件许可的情况下，由法官组织当事人直接上网读取证据。

（七）举证期限

案例：甲诉乙借款10万元未还。法院在向乙送达起诉状副本之时，同时送达了应诉通知书和举证通知书，其中指定举证期限为30日。乙答辩称已经还钱，同时开始努力查找甲所写的收款条，在举证期限届满后一直未能找到，故未能向法庭提交。此后在判决之前的某日，乙意外在家中找到了甲的收款条，于是提交法庭。甲以超过举证期限为由，请求法庭裁定不予采纳该证据。这个案件中就涉及到“举证期限”的问题。

所谓举证期限是民事诉讼和行政诉讼中的概念，是指诉讼当事人向法庭提交证据的时间限制。具体来讲，举证期限制度包括两方面内容：一是期限，即法律规定和法院指定的诉讼法上的期间；二是后果，如果当事人没有在此时限内进行举证，就视为放弃举证权利，当事人也因此丧失了举证的机会。确定举证期限规则的好处在于防止当事人滥用举证权利拖延诉讼，提高司法效率；它的问题在于放弃某些证据的使用，可能影响司法证明的准确性。

我国最高人民法院在《关于民事诉讼证据的若干规定》与

《关于行政诉讼证据若干问题的规定》中都分别明确了举证期限制度，而在刑事举证期限制度尚未确立。在民事诉讼中，举证期限的确定实行当事人协商和法院指定相结合的方式。根据《关于民事诉讼证据的若干规定》第33条规定："人民法院应当在送达案件受理通知书和应诉通知书的同时向当事人送达举证通知书。举证通知书应当载明举证责任的分配原则与要求、可以向人民法院申请调查取证的情形、人民法院根据案件情况指定的举证期限以及逾期举证的法律后果。举证期限可以由当事人协商一致，并经人民法院认可。由人民法院指定举证期限的，指定的期限不得少于三十日，自当事人收到案件受理通知书和应诉通知书的次日起计算。"第38条第2款规定："人民法院组织当事人交换证据的，交换证据之日举证期限届满。当事人申请延期举证经人民法院准许的，证据交换日相应顺延。"第34条规定："当事人应当在举证期限内向人民法院提交证据材料，当事人在举证期限内不提交的，视为放弃举证权利。对当事人逾期提交的证据材料，人民法院审理时不组织质证。但对方当事人同意质证的除外。当事人增加、变更诉讼请求或者提起反诉的，应当在举证期限届满前提出。"

从《关于行政诉讼证据若干问题的规定》来看，我国行政诉讼举证期限的确定实行以法定期限为主，兼采指定期限的方式。其第1条规定："根据行政诉讼法第三十二条和第四十三条的规定，被告对作出的具体行政行为负有举证责任，应当在收到起诉状副本之日起十日内，提供据以作出被诉具体行政行为的全部证据和所依据的规范性文件。被告不提供或者无正当理由逾期提供证据的，视为被诉具体行政行为没有相应证据。"（被告人的举证期限：法定期限）第7条规定："原告或者第三人应当在开庭审理前或者人民法院指定的交换证据之日提供证据。因正当事由申请延期提供证据的，经人民法院准许，可以在法庭调查中提供。逾期提供证据的，视为放弃举证权利。”（原告或第三人的举证期限主要为法定期限，也可以由人民法院指定）

无论是民事诉讼还是行政诉讼的举证期限，在满足特定条件的情况下，当事人都可以向人民法院请求延期提交，这些条件主要是指不可抗力以及当事人不能控制的其他正当事由。逾期举证的法律后果一般是丧失举证权利。但是，这种法律后果也有例外，这主要是针对当事人在完成举证后，由发现新的证据。对于这种证据，当事人经法庭许可，可以补充举证，法庭在必要时，也可以要求当事人补充举证。

（八）证据开示规则（证据交换规则）

所谓证据开示（discovery）是指控辩双方在庭审前相互交换证据信息的准则。“它是一种审判前的程序和机制，用于诉讼一方从另一方获得与案件有关的事实情况和其他信息，从而为审判做准备。”〔1〕

证据开示规则是当事人主义诉讼模式中设置的重要规则，它的意义在于：其一，它可以防止证据突袭，保证诉讼公正。在庭审前，如果控辩双方相互之间不了解对方将要在法庭上提出何种证据，这必将造成双方缺乏适当的应变策略。在法庭上，如果一方向另一方实施突然袭击时将使对方措手不及，因而，诉讼的成败几乎完全取决于一方在法庭前就已经设置好的提出证据进行突然袭击的部署而不是取决于事实本身。证据开示将最大限度地防止出现忽视具有关联性的事实或者对方在庭审中突然提出始料不及的证据的可能性。在当事人主义诉讼模式下，

〔1〕《布莱克法律词典》1979年英文版，第418～419页。

控辩双方处于平等对抗的法律地位，为取得诉讼的最后胜利，抗辩双方都会尽可能地隐藏并封锁证据信息，那么，这在实质上就是对诉讼公平的一种亵渎。其二，有利于提高诉讼效率，节约司法资源。如果不设置证据开示程序，抗辩双方从谨慎出发，对一方在庭审中突然提出的证据，常常会要求中断开庭以核实有关情况，这使“集中和不间断审理”原则难以实现，造成诉讼拖延。控辩双方通过庭前证据开示，相互知悉对方的事实点和法律点，从理性和现实角度考虑，更容易达成审前的和解，即使不能达成和解，证据开示也有助于为审理进行避免无关的争执点和缩小当事人在争执点上的差异。

英美法系国家在证据开示制度上具有以下特点：其一，在控诉方开示证据的范围方面，英美两国将两种情况列入其中：①控诉方准备在法庭审判中作为指控根据提出的证据；②抗诉方掌握但不准备在法庭上使用的证据。其二，在辩护方开示的证据范围方面，英美两国都将下列两种情况列入其中：①证明被告人“不在犯罪现场”的证据；②患有精神疾病的证据。其三，在保障证据开示的司法审查机制方面，英美两国采取了相同的做法，即控辩双方就某一证据是否开示发生分歧时，可以向法官提出申请，法官在审查后作出是否准予开示的命令。其四，在违反证据开示的法律后果方面，英美两国都规定了相应的制裁措施，所不同的是，英国对辩护方的制裁比美国更严厉，辩护方如果不履行或者不适当履行开示义务，不仅检察官可以不再进行关键的“第二次开示”，而且法官也可以作出对被告人不利的推论，但如果检察官不适当履行开示义务，法律没有明确规定会承担的相应后果。在美国，控辩双方如果不履行证据开示义务，其法律后果是相同的，即法官均可以将未开示的证据予以排除。

我国刑事诉讼法虽然也规定了一些类似证据开示的相关制度，但是与对抗制相配套的真正意义上的证据开示制度并没有真正建立，就我国目前的立法而言，抗辩双方证据沟通主要在三个阶段：其一，侦查阶段。《刑事诉讼法》第36条规定："辩护律师在侦查期间可以为犯罪嫌疑人提供法律帮助；代理申诉、控告；申请变更强制措施；向侦查机关了解犯罪嫌疑人涉嫌的罪名和案件有关情况，提出意见。"其二，起诉和审判阶段。《刑事诉讼法》第38条："辩护律师自人民检察院对案件审查起诉之日起，可以查阅、摘抄、复制本案的案卷材料。其他辩护人经人民法院、人民检察院许可，也可以查阅、摘抄、复制上述材料。"第39条规定："辩护人认为在侦查、审查起诉期间公安机关、人民检察院收集的证明犯罪嫌疑人、被告人无罪或者罪轻的证据材料未提交的，有权申请人民检察院、人民法院调取。"第40条规定："辩护人收集的有关犯罪嫌疑人不在犯罪现场、未达到刑事责任年龄、属于依法不负刑事责任的精神病人的证据，应当及时告知公安机关、人民检察院。"

对于我国刑事诉讼中的证据开示制度的完善应从以下三方面进行：其一，证据的交换方式和结构。一般而言，证据交换存在三种方式：①法官主持下的抗辩双方直接交换；②抗辩双方自行交换；③由法官代为转交双方证据。建议采用第一种和第三种方式，同时，为了防止法官因为过早地接触案件而产生审前预断，应该建立类似国外的预审制度，即通过一名专门的操作展示程序的法官来履行，而此法官不再担任庭审中的法官，而控诉也要实行起诉书一本主义。其二，证据开示的范围。控诉方应该承担更多的开示义务，既要包括其准备使用的证据，也要包括其不准备使用的证据。其三，违反证据开示制度的法律后果。一是强制违反证据开示义务的一方开示证据；二是不认定需要开示但没有被开示的证据；三是不履行证据开示义务的一方承担因证据不能被认定而产生的不利后果。

《最高人民法院关于民事诉讼证据的若干规定》对民事证据开示制度做出了明确规定，该解释第37条规定："经当事人申请，人民法院可以组织当事人在开庭审理前交换证据。人民法院对于证据较多或者复杂疑难的案件，应当组织当事人在答辩期届满后、开庭审理前交换证据。"第38条规定："交换证据的时间可以由当事人协商一致并经人民法院认可，也可以由人民法院指定。人民法院组织当事人交换证据的，交换证据之日举证期限届满。当事人申请延期举证经人民法院准许的，证据交换日相应顺延。"证据交换在受理案件后由法庭组织双方当事人先召开一个审前会议，其主要内容是对当事人进行举证指导、由当事人协商确定举证期限、证据交换以及开庭审理时间，然后根据当事人的协议逐步开展诉讼程序。该司法解释第40条第2款规定："证据交换一般不超过两次。但重大、疑难和案情特别复杂的案件，人民法院认为确有必要再次进行证据交换的除外。"

三、质证

（一）质证的概念

在我国，1979年的《刑事诉讼法》和1982年的《民事诉讼法》都没有明确使用"质证"的概念，当时，在职权主义诉讼模式的影响下，法律的着眼点是司法人员对证据的审查和判断。1991年的《民事诉讼法》首次在法律上明确了当事人的"质证权"，规定"证据应当在法庭上出示，并由当事人相互质证"。直到，20世纪90年代中期，随着审判方式的改革，学界开始对质证问题进行比较深入的研究和讨论，质证一词也越来越频繁地使用在司法实务和学术著作中，《刑事诉讼法》第59条规定："证人证言必须在法庭上经过公诉人、被害人和被告人、辩护人双方质证并且查实以后，才能作为定案的根据……"应该说质证概念的明确和强化，在一定程度上体现了诉讼模式和司法理念的转变。所谓质证是指诉讼当事人及其法律代理人在审判过程中针对对方举出的证据进行的质疑和质问。质证是诉讼双方反驳和攻击对方证据的重要手段，也是帮助和影响法官认证的重要途径。

（二）质证的主体

质证的主体是当事人及其法律代理人，在刑事诉讼中包括：公诉人、辩护人、被告人、被害人、附带民事诉讼的原告、被告及其法律代理人。在民事诉讼、行政诉讼中包括：原告、被告、第三人及其法律代理人。其中，刑事被告人有权质证，但一般都让辩护律师代行质证；刑事被害人也有权质证，但是因为与公诉人的质证往往是同向的，所以一般也没有必要单独质证。问题：法官是否为质证的主体？对于这个问题的回答应该是否定的。理由是：其一，如果法官成为质证的主体，势必影响其公正的形象；其二，缺少法律依据，法律明确规定由当事人进行质证；其三，质证主体与举证主体应当是一致的，法官不是举证责任的主体，当然也就不是质证的主体；其四，法官认定证据和事实应当是在当事人质证的基础上，不是在自己直接质证的基础上进行的。在审判过程中，法官的主要任务是"听证"，并保证当事人质证的公正和有序，虽然，法官在必要时可以对证人、鉴定人等提出问题，但那时审查证据的需要，使法官行使审判权的需要。

（三）质证的对象

所谓质证的对象是指在审判中由一方提出并由对方进行质

疑的证据。在司法实践中，有几个关于质证对象的问题需要探讨：

问题一：质证的对象是否仅限于言词证据？

从我国法律的有关规定上来看，并没有把质证局限在言词证据的范围，而且，对于不同种类的证据，质证的方式有所不同，针对言词证据，质证的基本方式是质问或交叉询问；对于实物证据，质证的方式主要是对证据的内容或特征提出质疑，也包括对收集、提取、保管、提交该实物证据的人进行的交叉询问。

问题二：法院调查收集的证据是否应接受质证，以及如何进行接受质证？

由于我国目前采取的不是彻底的抗辩式诉讼模式，而是当事人主义与职权主义相结合的诉讼模式，所以，法官在审判中还有自行调查收集证据的职责。关于法官自行收集证据的质证问题，目前在司法实践中作法不一，有的法院让当事人质证，有的法院不让当事人质证。

本书认为，法院自行收集的证据也应当经过当事人的质证，特别是要接受该证据对其不利的一方当事人的质证，才能作为定案的根据。具体的质证方式，应该与当事人提供的证据一样，根据证据种类不同，相应地采取当面质疑或质问的方式。在诉讼中，证据一般都要经过质证程序，才能作为定案的根据，但是有的时候考虑到诉讼效率和保守机密等方面的要求，法官可以决定对某些证据免于质证。这主要有两种情况：其一，对于当事人双方均已认可的证据，无需进行质证；这也可以视为当事人放弃了质证的权利；其二，对于那些涉及国家秘密、商业机密、个人隐私而且不宜让对方当事人知晓具体内容的证据，法官可以决定不进行质证，自行审查后直接认定。当然，并不是所有涉及国家秘密、商业机密、个人隐私的证据都可以免于质证，其中有些证据只是不宜向社会公开，无需向当事人保密，因此仍然可以质证，只要采用不公开的方式进行质证即可。

（四）质证的基本方式：交叉询问

在英美法系国家，受当事人主义诉讼模式的影响，庭审调查的基本方式是以当事人为主的“直接询问”和“交叉询问”，而交叉询问也就是质证的基本方式。在大陆法系国家，受职权主义诉讼模式的影响，庭审调查的基本方式是以法官为主的询问和审查。虽然大陆法系国家的立法没有就交叉询问做出明确的规定，但是在司法实践中，交叉询问还是存在，只不过法官在指导和限制当事人进行交叉询问的问题上具有很大的自由裁量权。

1. 交叉询问的概念。交叉询问的主要目的是为了降低乃至消除对方证据在事实裁判者心目中的可信度，为此攻击对方证据的弱点或缺陷。美国著名的证据法学家华尔兹教授概括道：“诉讼律师在对出庭作证的证人进行交叉询问中使用的质疑技术主要涉及以下六种情况：感觉缺陷、证人的品格、证人的精神状态、证人的重罪前科、该证人以前的自相矛盾的陈述、证人一方的利益或偏见。”所以交叉询问是指一方当事人或其律师在法庭上对另一方证人进行的盘诘性询问。理解交叉询问的概念，应当注意以下几个问题：第一，交叉询问是有一方对另一方的询问，在诉讼中具有对立的性质。当事人任意一方对对方证人的询问，都属于交叉询问；但是，当事人任意一方对己方证人的询问则不属于交叉询问。第二，交叉询问是盘诘性询问，带有攻击或反驳的性质。如果是支持性的或进一步说明性的询问，则不能体现交叉询问的本质特征。第三，交叉询问的对象是广义的证人，包括被告人、被害人、证人、鉴定人、勘验检查人以及实施侦察扣押等措施的警察等。第四，交叉询问应该是在法庭上在法官的主持下进行的。司法人员、执法人员或者律师在调查阶段或者在法庭外对证人的询问，不属于交叉询问。

2. 交叉询问规则的构成：主询问和反询问。第一，交叉询问规则的首要前提是证人必须出庭作证以及证人的立场。英美国家为确保证人出庭，通常设置了一系列的配套措施。交叉询问的目的在于暴露证人的偏见，向陪审团揭示某个证人不可靠，从而削弱被盘问证人在陪审员心目中的可靠程度或者诚实程度。在英美法系的当事人主义诉讼模式下，证人可以分为控方证人和辩方证人，只有这样才能形成所谓的交叉询问，才能区分主询问和反询问。第二，主询问（examination in chief）是指提供证人的一方对证人进行的询问。主询问具有以下特点：其一，主询问是英美法系国家庭审的第一个阶段；其二，主询问通常由提供证人的一方当事人或通过其律师来进行；其三，主询问的目的在于获得证据以支持自己的诉讼主张；其四，主询问必须遵守一定的询问规则，主要包括：主询问的内容仅限于与案件有关联的事实；当事人不得以反询问的方式攻击自己的证人；不得进行诱导性询问；询问不得以导致答复的问题为依据等。第三，反询问（cross examination）是指对方当事人对本方提出的证人进行的询问。它是主询问证人之后进行的询问，属于法庭审理的第二阶段。英美法系国家设立反询问的目的有两个：其一，揭露对方证人证言存在的矛盾、错误或者不实之处，以证明证人的不可靠或证言的不可采。通常反询问人比主询问人享有更为广泛的自由。他可以提出诱导性问题；可以就前后不一致的陈述进行发问并证实那些被否定的事实的存在；可以就证人的不良品格、先前的确信、不可靠性或抱有偏见进行发问。其二，使对方证人承认那些对本方有利的事实。反询问程序是英美法系国家刑事审判质证程序中最具有特色的程序，是质证程序的核心程序，其竞争是最精彩和最激烈的。

英美法系国家的反询问规则主要有以下八方面：其一，对一方当事人不利的证据，如果不提供反询问机会的，不可采纳；其二，反询问的内容不限于主询问中证明的事实，反询问可以设计一切争执中的事实或有关联性的事实以及尽管没有关联性，但可以用来质疑证人信用的事实；其三，导致答复的问题可以被提出，证人必须答复；其四，反询问应针对事实，而不是针对论据；其五，如果认为本来不可以采纳的文书，即便是在反询问中提出的，也不可以采纳；其六，如果不对证人实施反询问，即可能等于默认了他对这一事实的陈述；其七，除仅为提出书面申请证人出庭外，所有证人都能受到反询问；其八，法官可以在反询问中禁止提出他认为是强人所难或无关联的问题。

3. 诱导性询问规则。诱导性询问规则要求询问人对证人的询问必须符合询问规则的要求，不得以语言、行为明示或暗示地诱导证人作出符合询问人意图的证言；否则，该询问将被禁止或证人回答的证言无效。“以语言、行为明示或暗示”通常是指询问人提出问题时表达语言的方式或借助发问时语气的轻重缓急、抑扬顿挫或是某种动作示意，足以导致对答问人起到暗示性、启发性、提示性作用，从而导致被询问人作出符合询问人要求的回答的各种情形。美国《联邦证据规则》第611条第3款规定，在对证人进行主询问时，除非为展开证人作证所必需，否则，不能提出诱导性问题。在反询问时可以允许一般的诱导性问题。但在主询问中，凡下列情形，法官也多准许诱导：其一，当证人在接受询问时，原非诱导性询问，直至证人的记忆力已告用尽，而律师坚持认为该证人尚掌握有较为重要的信息情况，只有通过诱导才能提醒其注意时；其二，证人是未成年人，胆怯，或处于惊恐状态；其三，鉴于证人的身心状况应免使其耗费精力来作冗长陈述的；其四，证人是盲人，或对英文虽有充分了解而不需要翻译，但表达上仍有困难的。

（五）我国是否存在质证程序

有的学者认为，我国目前采用的是法官查证与当事人质证相结合的方式，已经初步搭建了质证程序，并在新的刑事诉讼法中明确规定了“质证”的概念，在一定程度上包含了交叉询问。例如，《刑事诉讼法》第189条规定：“……公诉人、当事人和辩护人、诉讼代理人经审判长许可，可以对证人、鉴定人发问。审判长认为发问的内容与案件无关的时候，应当制止……”《最高人民法院关于适用〈中华人民共和国刑事诉讼法〉的解释》第212条规定：“向证人、鉴定人发问，应当先提请通知的一方进行；发问完毕后，经审判长许可，对方也可以发问。”该解释第213条规定：“向证人发问应当遵守以下规则：（一）发问的内容应当与本案事实有关；（二）不得以诱导方式发问；（三）不得威胁证人；（四）不得损害证人的人格尊严……”第214条规定：“控辩双方的讯问、发问方式不当或者内容与本案无关的，对方可以提出异议，申请审判长制止，审判长应当判明情况予以支持或者驳回；对方未提出异议的，审判长也可以根据情况予以制止。”第218条规定：“举证方当庭出示证据后，由对方进行辨认并发表意见。控辩双方可以互相质问、辩论。”

但是质证并不简单地是一种诉讼行为，它也是一种由一系列规则构成的程序体制，它存在的前提条件是证人出庭作证和证人立场，我国司法实践中的证人出庭作证一直以来都是难以解决的问题，如果证人不出庭作证，那么，一切关于质证的规定都是纸上谈兵而已；我国的证人不区分控方证人和辩方证人，这样也无法区分主询问和反询问。交叉询问是当事人主义诉讼模式下特有的程序，交叉询问的确立需要我们在结构上确立当事人主义的诉讼模式，否则，我们的质证只能是一种简单的行为，而难以形成一种完备的制度。

四、认证

（一）认证的概念

在取证、举证、质证与认证四个阶段中，认证是作为重要的，因为取证、举证、质证都是为认证服务的，认证是目的与归宿。认证，是法官在审判过程中对诉讼双方提供的证据，或者法官自行收集的证据，进行审查判断，确认其证据能力和证明力的活动。理解这一概念需要注意以下问题：

第一，认证是一种法官行使审判权的活动，所以认证的主体只能是法官，其他的诉讼参与人不能成为认证的主体。这使认证有别于对证据的审查判断，在诉讼过程中，凡是使用证据的人，都要对自己收集或他人提供的证据进行审查判断，例如侦查人员、检察人员、律师。但是，他们对证据的审查判断结果都不具有认证的效力，认证是法官对证据的最终的审查判断。

第二，认证的对象是证据，是对证据的认定，这使认证有别于对案件事实的认定。在司法实践中，也许人们有时并不严格地区分对证据的认定和对案件事实的认定，甚至会笼统地认为两者就是一回事，因为证据认定了，案件事实就认定了。但是，就诉讼认识活动而言，认定证据应该与认定案件事实区分开来，因为他们是法官决策过程中两个相互连接又相互独立的认识阶段。一方面，认定证据不等于认定案件事实，即使确认了案件中所有证据的效力，也不等于就完成了对案件事实的认定；另一方面，认定案件事实也不等于认定证据，司法人员不能用认定案件事实的活动笼统地代替或吞没对案件中各种证据的认定活动，后者应该在程序和方法上具有相对的独立性。

第三，认证的内容通常分为两个方面，即证据能力的认证与证明力的认证。

（二）认证的方式

1. 当庭认证与庭后认证。当庭认证：在庭审过程中，主持审判的法官对于一方当事人提出并经过对方质证的证据，在法庭上当即作出的认证。庭后认证：主持审判的法官对于当事人提出并经过质证的证据，不在法庭上当即进行认证，而是在庭审之后进行认证。

当庭认证是审判方式改革的要求和发展方向。举证、质证、认证是庭审活动中密不可分的“三部曲”；法官当庭认证可以提高审判的透明度，防止司法腐败。当然，证据是形形色色的，案情是错综复杂的，有的时候难以仅仅凭借法庭上的举证质证，就对证据作出全面的判断，特别是证据的真实性问题，一般都需要综合评断案件中的各种相关证据甚至全部证据才能做出恰当的判断，这往往只能在庭审结束之后才能进行。法官当庭认证应该主要解决证据的采纳问题，即证据能否获准进入诉讼程序的问题，而不解答证据的采信问题。对于证据是否真实可靠，究竟有多大的证明价值，可以等到庭后评议是再作出判断。

2. 一步认证与两步认证。根据法官对证据的认定过程是否划分为采纳和采信两个阶段。采纳：核心是“纳”，即证据能不能被纳入诉讼程序。采信：关键是“信”，即证据是否可信，是否具备作为定案根据的证明价值。所谓一步认证：即法官对证据的认定过程部分为采纳和采信两个阶段，而是一次性完成。所谓两步认证：法官对证据的认定分为采纳和采信两个阶段。

在诉讼中采用两步认证更能够突出对证据的合法性问题的审查和判断，有利于合法性原则在整个证据法领域的实现。在美国的陪审团审判中，认证是典型的两步模式，对证据的采纳问题是法官的职责；对证据的采信问题是陪审团的职责。这种分类在我国证据法理论上属于比较新的提法，在审判实践中，很多法官并没有自觉地运用两步认证的方式认定证据，所以，本书认为有必要在理论上和立法上强调这种认证模式。

3. 单一认证与综合认证。单一认证是指法官一次只对一个证据进行的确认，即一证一认。综合认证是指法官一次对多个证据进行的确认，包括对一组证据的综合认证和对全案证据的综合认证。在实践中，对证据能力的认定，一般适用单一认证的方式，即在庭审中，对每一个证据采取“一举一质一认”的方式进行。对证明力的认定，在案情比较简单而且证据相对独立的情况下，一般采用单一认证的方式；在案情比较复杂而且待证事项较多且相对独立的情况下，一般采用一组证据综合认证的方式；在案情复杂而且证据之间的关系紧密交织，一般采用全案综合认证的方式。

第二章 证明对象

第一节 证明对象的概述

一、证明对象的概念及特点

（一）证明对象的概念

所谓证明对象，又称为待证事实或要证事实，是指需要运用证据予以证明的案件事实。这些案件事实，根据诉讼性质的不同而不同。刑事诉讼的证明对象主要是有关犯罪构成要件事实和量刑情节事实；民事诉讼的证明对象是围绕民事法律关系展开的有关事实；行政诉讼的证明对象是与被诉的具体行政行为的合法性有关的事实。

（二）证明对象的特点

1. 证明对象与当事人的主张相联系。这一点在民事诉讼中体现的尤为明显，在民事诉讼中首先涉及到的问题是主张责任的分配问题，而主张责任的分配直接决定了待证事实的范围，也就决定了证明对象的范围。

2. 证明对象与证明责任相联系。对有关待证事实的证明一定会落实到相关当事人身上，也就是证明责任的问题。可见，证明责任始终是与证明对象联系在一起的。证明责任是针对一定的证明对象的责任，证明对象是需要落实证明责任的待证事实。

3. 证明对象是需要证明的待证事实。如果某个案件事实是无需证明的或者是不正自明的，那么，它就不属于证明对象。在诉讼中，一般地说，案件事实都需要运用证据加以证明，但是，某些事实则需要证明，可以由法院直接确认的，在理论上称为“免证事实”。免证的事实主要有以下几种：

（1）众所周知的事实。是指具有一般知识的人都知道的事实。如饥则食、渴则饮；晴则干，雨则湿。鸟在空中飞；鱼在水里游。当然，这里讲的众所周知，是相对而言的，有的事实不仅为本国，甚至为全世界的众多的人所了解，有的事实则只有某一地区范围内的人才了解。所以，对众所周知的理解也不能绝对化。众所周知的事实之所以可以免证，是因为这种事实的客观性是明摆着的，再予证明是多此一举。

（2）预决的事实。从字面意义上，预先所确定或决定的事实，它是指已经为人民法院发生法律效力的判决所确定的事实，对于以后审理的涉及该事实的另外案件起预先决定的作用，不需要进行证明。预决的事实之所以不需要证明，一方面是因为该事实在人民法院审结的案件中已经查明，客观上没有再次证明的必要；另一方面，是因为生效判决具有法律上的拘束力，这种拘束力包括对认定的案件事实的不可更改性。同时，肯定这种预决作用，还可以避免法院就同一事实在两起诉讼案件中做出矛盾的认定。例如，法院在刑事判决中，所确认的被告人构成伤害罪的事实，对于以后被害人要求该被告人赔偿损失的民事诉讼，就其预决作用。可以免予证明，直接将该事实作为判令被告人赔偿被害人损失的根据。例如，已经生效的民事判决对房屋产权纠纷所确认的事实，对以后判令无权利人迁出该房，或者判令其将以前应缴的房租交付给权利人，就有预决作用。再如，在知识产权犯罪的案件中，往往先涉及知识产权的界定和权利归属的确认问题，而这些问题一般是有民事诉讼解决，民事诉讼对其作出的生效判决，可以在以后的认定知识产权犯罪的刑事诉讼中起到预决的作用。

（3）推定的事实。根据已知的事实，凭借逻辑规则或者经验法则，推断出与之相联系的另一事实的存在。例如民法中的宣告死亡。当作为推断根据的事实得到证明时（基础事实），如果没有提出相反的证据，推定的事实就不需要证明，可以根据法律的规定直接认定。

（4）司法人员业务上所熟知的事实。司法人员在业务上熟知的事实，通常又是他们在职务上必须知道的事实。例如法律、法规、方针政策、国家机关的机构设置、政府的政治措施等。当事人对这些事实可以不举证，因为他们既然是司法人员在业务上必须知道，并且为他们所熟知的事实，可直接由司法机关确认。但是，如果涉及到外国的法律，或者本国的某些地方性的法规，司法人员在职务上并非必须知道，仍然为证明的对象。

（5）自认的事实。承认对方所主张的不利于自己的事实。在外国的立法和司法实践中，作为正式的自认，一般需要具备以下条件：

第一，自认的时间限于诉讼开始之后，终结之前，即必须在诉讼期间作出。非诉讼期间作出的自认不具法律效力。

第二，自认必须是向法院作出明确的意思表示。在诉讼期间不是向法院自认，而是向对方或者第三人自认，或者虽然向法院作出，但不是明确承认，只是对相对方主张的事实不争执的，都不是正式的自认。

第三，自认的对象限于案件的具体事实。对相对方的诉讼请求的承认则称为认诺，所涉及的是对实体法权利的处分，与案件事实的自认有本质的区别。

第四，自认的事实必须是不利于自己的事实。

第五，自认的事实必须与相对方主张的事实相一致。只要双方当事人在诉讼中陈述的事实一致，即为自认，而不问陈述的先后。例如，一方首先做不利于自己的陈述，之后，相对方援用这一陈述，先做陈述的也就成了自认，称为现行自认。这种采纳双方当事人对同一事实不存在争议的陈述的方法，有助于迅速结案，节省诉讼费用。

（6）公证的事实。是指经过公证机关依法定程序证明的事实。大家都知道，公证行为一般是国家公证机关依照法定程序行使职权的国家证明行为。由公证机关经过公证所出具的有效公证文书，对证明事项已确认其真实性和合法性，不用于一般的证据，因此在诉讼过程中涉及到经过公证的事实，持有公证文书的当事人，只需要转交有效文书就可以了，不需要再进行证明。但是，如果有相反的证据可以推翻公证证明的，就应当把被公证书所认定的事实列为证明对象。

4. 证明对象是以诉讼主体的事实主张为基础，以实体法律的规定为依据。因为，诉讼主体的事实主张都是依据实体法律的规定提出的，所以实体法律规定的具体案件事实的构成要件往往就是证明对象的基本内容。证明对象是与事实主张、事实主张的法律依据是一一对应的关系。下面以民事上的民事责任竞合问题为例，能更清楚地认清这种对应关系。所谓民事责任竞合，是指同一行为虽然符合多种民事责任的构成要件，可以成立几种民事责任，但是受害人只能选择其一而为请求。民事责任竞合在实践中最常见的就是违约责任与侵权责任的竞合。这两种责任都是以赔偿损失为内容，因此债权人不能双重请求，只能主张其一，一方之获得不当得利。从受害人享有的请求行为人承担责任的权力角度看，也是请求权的竞合。《合同法》第122条规定："因当事人一方的违约行为，侵害对方人身、财产权益的，受损害方有权选择依照本法要求其承担违约责任或者依照其他法律要求其承担侵权责任。"在运输合同中，承运人应当按照约定期间或者合理期间内将旅客、货物安全运输到约定地点。(《合同法》第290条）承运人应当对运输过程中旅客的伤亡承担损害赔偿责任（《合同法》第302条)。如果发生交通事故，而且交通事故是由于司机的过错所至，这也符合《民法通则》第106条关于一般侵权行为的规定，可以构成侵权责任。

而违约责任与侵权责任存在很多的差异，正是这些差异的存在使得对这两种责任竞合问题的研究具有实际的意义。这种差异主要体现在以下几个方面：其一，在成立要件方面：首先，《合同法》采用严格责任原则，违约责任构成上总的说来并不要求违约人具有过错，只要没有免责事由，就要承担违约责任。而对侵权行为责任而言，法律上有过错责任和无过错责任两类，在过错责任场合，受害人要对侵权行为人的过错进行举证，通常并不适用举证责任倒置。这样，如果发生责任竞合，可以看出违约责任在其举证上更为容易。其次，在通常情况下，侵权责任主要体现为损害赔偿，因而侵权行为所引起的侵权责任也自然以"损害"为构成要件。与此不同，违约责任不以损害为构成要素，违约责任的成立不一定以损害为要件，只有赔偿损失才以损害为成立要件，而违约金责任、强制履行责任等均不以损害为构成要件。其二，在举证责任方面：就违约责任而言，如属于过错责任，通常是对过错采用举证责任倒置的办法；如果属于严格责任原则，只要债权人证明债务不履行，就可以了，至于债务人是否具有免责事由，则是由债务人负责举证。就侵权责任而言，如果是过错责任，则要求受害人举证加害人具有过错，在侵权法上，过错推定仅为个别现象。其三，在赔偿范围方面：当事人一方不履行合同义务或者履行合同义务不符合约定，给对方造成损失的，损失赔偿额应相当于因违约所造成的损失，包括合同履行后可以获得的利益，但是不得超过违反合同一方订立合同时预见到或者应当预见到的因违反合同可能造成的损失。侵权责任的赔偿范围原则上包括直接损失和间接损失，在侵害人格权时，还可以进行精神损害赔偿；不法造成他人死亡的，赔偿范围还要扩张至死者生前抚养的人必要的生活费用等。在侵权责任的赔偿范围上，我国立法没有采纳可预见性规则。其四，诉讼时效方面：因侵权行为所产生的请求权，按《民法通则》的规定，诉讼时效期间一般是 2 年，但是因身体受到伤害而产生的赔偿损失的请求权，诉讼时效期间为 1 年。因违约而产生的请求违约方承担违约责任的权利，按《民法通则》的规定，诉讼时效一般为 2 年。但是出售质量不合格的商品不声明、延付拒付租金、寄存财物被丢失损毁三种情况下，诉讼时效期限为 1 年。涉外货物买卖合同和技术进出口合同争议提起诉讼或申请仲裁的期限为 4 年。其五，责任方式方面：侵权责任既包括财产责任，如赔偿损失，也包括非财产责任，如消除影响、恢复名誉、赔礼道歉。违约责任主要是财产责任，有强制履行、支付违约金、赔偿损失、价格制裁，仅有合同解除为非财产责任。其六，免责条款的效力方面：法律一方面允许当事人就其民事责任可以用特别约定加以排除或者限制，另一方面又对当事人约定的免责条款加以限制，以期在当事人之间实现相对的实质公平。相对而言，免除违约责任的条款与免除侵权责任的条款更容易被法律所承认。其七，判决实现的可能性方面：比如判决的赔偿能否实际兑现方面，可能会因违约诉讼与侵权诉讼的选择的不同而有重大的差异。比如，因履行的辅助人的过失造成对方当事人人身损害的场合，如果选择侵权诉讼，则要以该履行辅助人为被告，而履行辅助人的赔偿能力和责任财产通常是很有限的，原告人实际获得赔偿的可能性要小。如果选择了违约诉讼，则债务人（大公司）要为履行辅助人行为承担违约责任，这样，原告实际获得赔偿的可能性就很大。

结论：正是因为违约责任与侵权责任存在上述不同，所以，从受害人的角度看，主张何种责任，直接关系到他的切身利益。例如，在违约金高于实际损失，受害人请求违约方承担违约责任就更为有利。再如，供方交付的产品质量虽然不合格，但是产品质量保证期限已经届满，视为产品质量符合合同规定的情况下，需方主张违约责任，只能陷于败诉的境地；而请求供方承担侵权责任，则会胜诉。还如，如果合同中规定有免除一般过失责任的条款，该条款有被法律承认，那么，受害人主张违约责任，就极有可能败诉；而请求违约方承担侵权责任，就有可能胜诉。既然受害人有时主张违约责任有利、有时主张侵权责任更好，那么，法律应该赋予他选择的权力，承认责任竞合，以达到保护无辜受害人的合法权益的目的。

可见，证明对象，取决于诉讼当事人以什么样的实体法规定为依据，提出什么样的事实主张，同时，也就决定该当事人承担什么样的证明责任，以及会产生什么样的法律效果。所以证据法在一定的意义上讲，是实体法与程序法之间的桥梁。总的说来，由于各种诉讼基本上是围绕实体争议展开的，故将主要的实体法事实归入证明对象的范围没有什么限制，但是，除了实体法事实之外，其他案件事实是否划归为证明对象，则需要我们认真考虑。这就具体包括两个问题：第一是程序法事实能否成为证明对象；第二，证据事实是否属于证明对象。

二、证明对象的范围

（一）实体法事实

实体法事实是证明对象中最主要的内容，在刑事诉讼中，实体法事实是被指控犯罪行为的构成要件实施以及与量刑情节有关的各种事实；在民事诉讼中，实体法事实是与民事法律关系的构成要件有关的事实，包括民事行为及其效果的事实，民事权利义务的成立、变更和消灭的事实以及民事争议发生过程中的事实等；在行政诉讼法中，实体法事实是与被诉的具体行政行为有关的事实以及行政赔偿构成要件的事实。

（二）程序法事实

所谓程序法事实，是指那些与案件本身没有关系但是对解决某些诉讼程序性问题具有法律意义的事实，包括回避的事实、关于耽误诉讼期限的事实、关于不应采用强制措施的事实、关于违法法定诉讼程序的事实等，例如，一方当事人要求法官或者鉴定人回避，那么它应该说明其要求回避的事实理由，如该法官是另一方当事人的亲友，或者该鉴定人与另一方当事人有共同的利害关系。这些事实就是所谓的程序法事实。

在程序法事实能否成为证明对象的问题上，证据法学界有不同的看法：有的人认为程序法事实也是司法机关做出相应裁判的基础，而且也需要提出主张者提供证据予以证明，所以，程序法事实属于证明对象。有的人认为，诉讼中的证明对象仅限于实体法事实，理由是指由实体法事实对裁判的结果有直接意义的影响。本书认为，首先，程序法事实是需要提出相应主张的人提供证据予以证明的，从这个意义上讲，它和实体法事实没有什么区别。其次，程序法事实的证明和实体法事实的证明也存在不同，主要在于证明标准的要求上：一般说来，对实体法事实的证明标准要高于程序法事实的证明标准。我国台湾的学者陈朴生先生就以证明标准的不同而区分证明和释明：得生强固之心证者，谓之证明；得生薄弱之心证者，谓之释明。

（三）证据事实

关于证据事实能否成为证明对象？本书认为，证据事实不是证明对象。首先，“证据事实”这种说法就值得商榷。关于证据事实的概念，学者有两种解释：一种观点认为，证据事实是指证据本身，因为每个证据也可以看作一个事实；另一种观点认为，证据事实是指每个具体证据所表明或者说明的，与案件有关的事实。第一种观点把每个证据本身视为一种事实，例如，侦查人员在一起杀人案件的现场发现了一封与案件有关的信，这封信本身也是一个事实，所以，叫证据事实。这种观点违背了本书对证据概念的基本理解，如果把证据理解为事实，那么证据就不需要证明，更谈不上成为证明对象；第二种解释把每个证据所反映的案件事实叫做“证据事实”，例如，在现场发现的信件的内容反映了某人和死者有暧昧关系，这个事实就是证据事实。然而，这很容易与案件事实混淆起来，因为这个事实本身就是案件事实。其次，如果认为证据事实也是证明对象，导致证明对象的概念相当的混乱，使得证明对象这一概念失去了与诉讼主张、与实体法依据、与证明责任相联系的功能和意义。虽然证据也需要印证或者作证，但是那属于对证据的审查判断，是为了寻求合格的证明手段，而证明对象（待证事实）是证明的目的，不能把两者相混淆。

第二节　刑事、民事、行政诉讼的证明对象

一、证明对象的抽象化问题

对于三大诉讼的证明对象问题，一方面从法理抓住实体法依据这个主线，另一方面要紧扣现行法律的相关规定。从目前我国证据法律制度来看，呈现出这样一种现象：刑事诉讼证明对象比较明确，有相关的法律规定，但是，民事诉讼、行政诉讼的证明对象比较复杂、模糊，甚至你找不到明确的规定。之所以产生这样的差异，本书认为主要是因为在三大诉讼法各自的领域中，在理论上抽象出“核心事实”以及在核心事实的基础上抽象出一个“共同要件”的难易程度决定的。具体说来：在刑事诉讼法中，要解决的核心事实无非就是一个字“罪”，诉讼双方当事人所争议的焦点无非是围绕这个罪展开的“罪与非罪”、“此罪与彼罪”、“在同一罪下的重刑与轻刑”，不管诉讼双方争议的具体罪名是什么，在理论上都可以把它抽象为“关于罪的构成要件”问题，因此，刑事诉讼法中的证明对象问题非常容易确定，因为刑法的构成要件理论为它提供了现成的答案。

但是，在行政诉讼与民事诉讼中就不同了。先来看行政诉讼法，广义的行政诉讼包括一般的行政诉讼和行政赔偿诉讼，在一般的行政诉讼中，要解决的一个核心问题是：具体行政行为的合法性问题（大陆法系：行政决定）。但是，由于行政管理的广泛性和多样性，具体的行政行为之间的差异是非常大的，例如在种类上它可以分为：依职权行为与依申请行为；命令式、形式式以及确认式的行为；收益式及负担式行为，拘束及裁量。

虽然，在行政法理论上常常会提到具体行政行为的要件问题，要想成为具体的行政行为必须具备以下要件：需要是行政机关做成；须是公法案件（行政主体与人民之间公权力关系）；须产生直接的法律效果；须是单方行为（不必获得相对人的允许）；须为个别案件（行政机关适用法律至具体案件的手段）。但是，需要特别注意的是，这里的要件仅仅是概念要件，而不是构成要件；而且，要求具体的行政行为必须是针对个案做出的，也决定了具体的行政行为不可能存在一个共同的构成要件。相应地，作为解决具体行政行为的合法性问题的行政诉讼，在诉讼的类型上，也是多样化的，可分为：撤销诉讼（针对行政机关的作为式的行政决定所提起的救济）、确认诉讼（申请人请求人民法院确认某种法律关系的诉讼）、义务诉讼（申请人针对不作为的行政决定提起行政诉讼，法院审理后认为有理由，得判决行政机关应该有一定的作为义务）所以在一般的行政诉讼中，由于具体行政行为难以在理论上抽象出一个“共同的构成要件”，导致很难总结出它的证明对象到底是什么，唯一能做的也仅仅是将行政诉讼的证明对象问题停留在“具体行政行为合法性”这一概念之上。

广义的行政诉讼在行政赔偿诉讼中，要解决的核心问题是：行政侵权问题。在行政侵权中包含了具体行政行为造成的侵权，因此，在我国行政赔偿诉讼往往和一般行政诉讼合并审理，但是，行政侵权不限于具体的行政行为，而是一种事实行为。因此，行政侵权，就和民法侵权与犯罪行为一样，在理论上能够抽象出他们的共同构成要件：侵权人的机关隶属；执行职务的形式性；具备违法性；无过错原则；不限于积极作为造成之侵权后果。

所以就广义的行政诉讼来讲，证明对象能概括出两个主要方面：一是具体行政行为的合法性，二是行政侵权的构成要件。

民事诉讼的目的无非两个，而且这两个目的是一体两面的关系：一是实现个人权利。例如债权人提起诉讼，要求借了钱不还的债务人返还欠债，法院判决债务人将所借的钱还给债权人。债权人之所以能够提出这样的要求，法院之所以能够作出这样的判决，是因为根据实体法的内容，必须承认债权人的返还请求权。二是解决纠纷。上述民事诉讼的作用，从另一个方面也可以看作解决纠纷的过程。债权人之所以起诉是因为债务人不能返还所借的钱，这里存在一定的对立或者纠纷关系。可以看出，民事诉讼其实是围绕着民事实体法中所规定的“民事权利”这一核心概念展开的。而在民事实体法中民事权利的种类是非常多的，具体说来在理论上可以做这样的划分：

权利：以特定利益为内容；以法律作用为内容
前者：绝对权（非财产权；财产权）
　　　非财产权：人格权；身份权（配偶权、亲权等）
　　　财产权：物权（所有权、用益物权，担保物权）
　　　　　　　知识产权
　　　相对权（债权）
后者：支配权、请求权、抗辩权、形成权

上述不同的民事权利在民事实体法中，所依据的民法规范是不同的，也就是说，他们的构成要件的要求也是不同的，很难在理论上把全部的民事权利抽象出一个“共同的构成要件”。相应地，在民事诉讼中，根据当事人所提出的权利主张不同，在诉的种类上也不一样，具体说来包括：①确认之诉：一方当事人请求法院确认其与对方当事人之间是否存在某种民事法律关系（收养关系）。②给付之诉：一方当事人请求法院判令对方当事人向自己履行一定的给付。物的给付之诉（返还财产），行为的给付之诉（修缮房屋）。③变更之诉：一方当事人请求法院作出裁判以改变或者消灭自己与对方当事人某种既存的民事法律关系。（离婚之诉、解除收养关系之诉、解除合同关系之诉）可见，虽然民事诉讼的核心问题是“民事权利”，但是由于民事权利的多样化，难以将全部的民事权利在理论上抽象出一个共同的构成要件。这也就造成了无法确定民事诉讼中的证明对象的情形。但是，这是否就决定了导致无法在理论上研究民事诉讼中的证明对象问题呢？

在民事诉讼中，证明对象与证明责任的分担有密切的联系，所谓的证明对象是指证明责任者为使自己的诉讼主张得到法庭的支持，应该提供证据予以证明的那些事实；所谓证明责任，也无非是指双方当事人对作为自己诉讼主张根据的实体法规范中的构成要件进行证明的责任。因此在大陆法系的民事证据理论中，根据不同的诉讼请求，以及其实体法上的依据，来分配证明责任，并进一步根据实体法律规范中构成要件的要求确定证明对象。在这种观念的指导下，其中最著名的，也是目前的大陆法系国家中占主导的地位的学说，就是德国人罗森贝克的“规范说”。虽然该学说的主要目的在于确定民事诉讼中的证明责任的分配问题，但是，该学说间接地指明了民事诉讼中的证明对象。

二、刑事诉讼的证明对象

（一）实体法事实

1. 根据《最高人民法院关于适用〈中华人民共和国刑事诉讼法〉的解释》第64条规定：“应当运用证据证明的案件事实包括：（一）被告人、被害人的身份；（二）被指控的犯罪是否存在；（三）被指控的犯罪是否为被告人所实施；（四）被告人有无刑事责任能力，有无罪过，实施犯罪的动机、目的；（五）实施犯罪的时间、地点、手段、后果以及案件起因等；（六）被告人在共同犯罪中的地位、作用；（七）被告人有无从重、从轻、减轻、免除处罚情节；（八）有关附带民事诉讼、涉案财物处理的事实；（九）有关管辖、回避、延期审理等的程序事实；（十）与定罪量刑有关的其他事实……”

2. 排除行为违法性、可罚性和行为人刑事责任的实施。第一，排除行为违法性的事实，根据刑法规定这类行为有正当防卫、紧急避险等正当化事由；第二，排除可罚性的事实。例如根据《刑事诉讼法》第 15 条规定：“有下列情形之一的，不追究刑事责任，已经追究的，应当撤销案件，或者不起诉，或者终止审理，或者宣告无罪：（一）情节显著轻微、危害不大，不认为是犯罪；（二）犯罪已过追诉时效期限的；（三）经特赦令免除刑罚的；（四）依照刑法告诉才处理的犯罪，没有告诉或者撤回告诉的；（五）犯罪嫌疑人、被告人死亡的；（六）其他法律规定免予追究刑事责任的。”第三，排除或减轻刑事责任的事实。根据我国《刑法》规定，行为人不满 14 周岁，不负刑事责任；已满 14 周岁但不满 16 周岁，只有在犯罪行为属于故意杀人、故意伤害致人重伤或死亡、强奸、抢劫、贩卖毒品、放火、爆炸、投毒罪的，才负刑事责任。

（二）程序法事实

刑事诉讼程序事实是指有关诉讼程序是否合法进行的事实，具体包括：第一，有关管辖的事实；第二，有关回避的事实；第三，有关对犯罪嫌疑人、被告人采取强制措施的事实；第四，有关审判组织组成的事实；第五，有关诉讼程序的进行是否超越法定期限的事实；第六，司法机关侵犯犯罪嫌疑人、被告人诉讼权利的事实；第七，与执行的合法性有关的事实；第八，其他与程序的合法性或者公正审判有关的事实。

二、民事诉讼证明对象

罗森贝克通过对德国民法典的研究发现，民法典中的全部的规范都是围绕民事权利展开的，都和民事权利有关，但是，这些规范在性质上又存在差别，它将全部的民法规范化分为四种：第一，权利发生规范（权利根据规范）：凡是能够发生一定权利的规范。在民法中，这种规范的数量很大，是民法的核心部分。它也被称为基本规范，请求权规范。第二，权利阻碍规范：凡在权利发生时，因权利的效果受到阻碍而使该权利不能发生的规范。例如，关于民事法律行为无效的规定。（无民事行为能力人）第三，权利消灭规范：在权利发生后，能够将已经存在的权力归于消灭的，凡是规定这种内容的规范为权利消灭规范。例如，合同法中，关于合同权利义务终止的规定：合同解除、混同、抵销、提存。第四，权利制约规范：在权利发生之后，权利人欲行使权利时，能够将权利的效果加以遏制或者排除，使该权利不能发挥效力的规范。例如，抗辩权的规定（同时履行抗辩权，消灭时效抗辩权）在对实体法规范作出这样的划分之后，在民事诉讼中的证明对象相应得为：权利发生事实（权利发生规范所规定的构成要件事实）、权利阻碍事实、权利消灭事实、权利制约事实。

三、行政诉讼的证明对象

1. 与被诉的具体行政行为的合法性有关的事实。具体包括以下几个方面的事实：第一，有关被告行政机关的行政主体资格和权限的事实；第二，原告是否实施了被处理行为或者是否符合法定条件的事实；第三，被诉具体行政行为是否符合法定程序的事实；第四，被告作出具体行政行为时目的是否正当的事实；第五，被诉具体行政行为的处理与案件的事实、情节和性质是否相适应。

2. 与被诉的具体行政行为的合理性有关的事实。在立法上，根据我国《行政诉讼法》第5条规定："人民法院审理行政案件，对具体行政行为是否合法，进行审查。"因此，行政诉讼的审查对象仅仅是合法性审查。在理论上，有的学者提出了不同的见解。主要理由有三点：其一，由于绝大多数行政行为都是属于裁量行政而非羁束行政，将裁量行政排除在行政诉讼的救济途径，不仅不能充分保障公民的合法权益，反而掩护行政裁量权的滥用。对于裁量行为，因法规赋予行政机关行政的行为种类、数量的可能性非常多。只审查行为的外在法规界限，便会认定任何一个只有遵守外在规范界限，任何行政行为就不会造成违法的后果，至于合理不合理或者公正不公正，只是不当的行为。其二，基于依法行政的原则，行政合法性原则已经有早期的依法律行政转变为依法行政，行政行为应该不仅在形式上要具有合法性，实质上也应合法。所以，仅以外在的、形式上的合法与否来区分一个行政行为之违法，已经落伍了。其三，基于行政合理性原则（比例原则），任何涉及人民权利的措施，都不可以过度。所以一个行政行为即使外在遵守法律的界限，最多也只是未逾越权限而已。但是，在选择法律效果时，使用过重的不利效果，也违反了比例原则，属于行政权力的滥用，仍不免是违法之行政行为。同时，行政行为也要受到平等原则的约束，将行政权控制在公平原则之下，公平原则同样构成约束行政合法性的规范。

3. 行政赔偿构成要件的事实。（行政侵权的构成要件）具体包括以下几方面的事实：第一，侵权行为是否由作为被告的行政机关及其工作人员实施；第二，侵权行为是否是行政机关及其工作人员在行使行政职权的过程中实施；第三，侵权行为是否违法；第四，侵权行为是否给作为原告的被害人造成人身权或者财产权的损害以及损害的大小；第五，侵权行为与损害结果之间是否具有直接的因果关系。

4. 行政诉讼程序事实。具体包括：第一，有关当事人资格的问题；第二，有关主管和管辖的问题；第三，有关审判组织的问题；第四，有关审判程序的问题；第五，有关采取排除妨害行政诉讼强制措施的事实；第六，有关诉讼期限的事实；第七，被告及代理人是否在诉讼过程中自行向原告和证人取证的事实；第八，有关行政诉讼执行程序是否合法的事实等。

第三章

证明标准

第一节　证明标准的概述

一、证明标准的概念和意义

（一）证明标准的概念

所谓证明标准是指承担证明责任的人提供证据对案件事实加以证明所要达到的程度。达到证明标准——完成证明责任——诉讼主张成立；未达到证明标准——没有完成证明责任——诉讼主张不成立。

（二）证明标准的意义

1. 对于当事人而言，凭借证明标准的衡量，当事人知道何时应当举证，何时可以暂停举证；对方当事人也可以知道何时可以提供相反的证据进行反驳，何时可以停止反驳，等待对方继续举证。

2. 对事实的裁判者而言，通过证明标准，判断承担证明责任的一方是否最终完成了证明责任，从而认定案件事实在法律上的真伪。

可见，证明标准对于当事人和法官都是有意义的，可以说，证明标准的约束对象既包括当事人也包括法官，对于当事人而言是衡量其是否完成了证明责任的标准，证明标准和证明责任有关；对法官而言是其最后认定案件事实的标准。

二、证明标准的理论基础

法律的真实观，司法活动中人们对案件事实的认识符合法律所规定或认可的真实，是法律意义上的真实，是在具体的案件中达到法律所规定的证明标准的真实。与之相对应的概念是“客观真实观”，是指司法活动中人们对案件事实的认识完全符合实际情况。法律真实虽然包含有客观真实的内容，但是，法律真实不等于客观真实。二者的区别在于，客观真实必须是完全正确的，而法律真实的概念本身就含有误差的可能性。

可以说，法律真实在一定意义上是以概率为基础的真实，它仅仅能说明案件发生的可能性。相应地，证明的标准越高，意味着需要通过证据所反映出的案件发生的可能性就越大，意味着法官在作出肯定性判决的时候，态度越加的慎重。

三、证明标准的多元化问题

（一）因诉讼性质不同而证明标准不同

三大诉讼法要解决的基本问题有明显的不同：在刑事诉讼中，要解决的基本问题使被告人是否有罪以及如何定罪量刑的问题，它往往涉及到公民的重大的权益，财产、自由、甚至生命；在民事诉讼中，要解决的基本问题是平等的民事主体之间关于人身和财产的民事争议；在行政诉讼中，要解决的基本问题是具体的行政行为是否合法以及是否妥当，是否侵犯了相对人的合法权益的问题。

比较起来，由于刑事责任的严厉性，也就要求刑事诉讼中的证明标准是最高的，在刑事案件中，无辜的人被判有罪要比一个有罪的人得以释放更为糟糕。由于错误定罪，对被告的生命、自由、荣誉的影响要比民事案件错误判决所造成的后果更加严重。也就是说，要求法官在作出支持提起诉讼一方的诉讼主张的肯定性判决时，要抱有很高的审慎的态度。相比之下，行政诉讼与民事诉讼比较接近，例如两者在诉的类型上，基本上都表现为：确认、撤销、赔偿、变更。我们国家在没有行政诉讼法时，对于行政争议适用民事诉讼程序的。

但是，两种诉讼仍有明显的差别，这种差别表现在，从诉讼性质上看，行政诉讼不仅仅是解决行政争议的诉讼制度，对合法权益受到侵害的行政相对人进行救济的制度，同时，它也是对行政行为进行司法审查的行政法监督制度。在这种监督中，包含了对公共利益的考量，所以，在行政诉讼中，法官在作出判决时必须把这样一个因素也考虑进来，也就是说，法官如果要作出肯定性判决（支持原告方的诉讼请求），不能像民事诉讼中一样只考虑个人利益的得失，同时还要考虑作为被告方的行政主体，在做出具体行政行为时的公共利益需要。因此，本书认为，比较起来，行政诉讼中的证明标准要高于民事诉讼。

从我国的立法规定上来看，《最高人民法院关于适用〈中华人民共和国刑事诉讼法〉的解释》第 64 条第 2 款规定："认定被告人有罪和对被告人从重处罚，应当使用证据确实、充分的证明标准。"《民事诉讼法》没有像刑事诉讼法那样在一审判决时作出证明标准的规定，而是在规定二审法院如何对一审案件进行监督时有所涉及。《民事诉讼法》第 170 条规定："第二审人民法院对上诉案件，经过审理，按照下列情形，分别处理：（一）原判决、裁定认定事实清楚，适用法律正确的，以判决、裁定方式驳回上诉，维持原判决、裁定；（二）原判决、裁定认定事实错误或者适用法律错误的，以判决、裁定方式依法改判、撤销或者变更；（三）原判决认定基本事实不清的，裁定撤销原判决，发回原审人民法院重审，或者查清事实后改判；（四）原判决遗漏当事人或者违法缺席判决等严重违反法定程序的，裁定撤销原判决，发回原审人民法院重审。原审人民法院对发回重审的案件作出判决后，当事人提起上诉的，第二审人民法院不得再次发回重审。”据此，一般认为这是从否定的方面表述民事诉讼证明标准，即“事实不清，证据不足”的案件要改判或者发回重审。如果改为正面的表述，那么民事诉讼的证明标准也应该是“事实清楚，证据充分”。

《行政诉讼法》的规定兼有刑事诉讼法和民事诉讼法的特点，它既从正面也从反面对证明标准作了阐述。第 54 条规定：“人民法院经过审理，根据不同情况，分别作出以下判决：（一）具体行政行为证据确凿，适用法律、法规正确，符合法定程序的，判决维持。”第 61 条规定：“人民法院审理上诉案件，按照下列情形，分别处理：（一）原判决认定事实清楚，适用法律、法规正确的，判决驳回上诉，维持原判；（二）原判决认定事实清楚，但适用法律、法规错误的，依法改判；（三）原判决认定事实不清，证据不足，或者由于违反法定程序可能影响案件正确判决的，裁定撤销原判，发回原审人民法院重审，也可以查清事实后改判。当事人对重审案件的判决、裁定，可以上诉。”可见，行政诉讼法的证明标准是“案件事实清楚，证据确凿充分”。

上述有关证明标准的规定主要存在两方面的问题：

第一，将证明标准定义为案件事实清楚，而没有进一步明确是哪一种“事实清楚”，是客观真实还是法律真实，这就使得司法人员难以把握，造成证明标准上的随意性和模糊性。

第二，这种一元化的证明标准也不符合不同性质的诉讼之间的差异，一般说来，诉讼案件的性质不同，决定了法官处理案件的慎重程度以及当事人在诉讼中的自由意志不同。我们不能期望当事人对杀人案件的证明与对借款1千元的案件达到同样的程度，也不能要求法官的判决死刑时与判决返还1千元欠款是抱有同等的慎重态度，这也不符合诉讼经济原则。

从近几年来我国证据立法的动态来看，关于证明标准的问题还是有一定程度的完善，主要体现在最高人民法院通过的两部关于证据的司法解释。例如，在《关于民事诉讼证据的若干规定》和《关于行政诉讼证据问题的若干规定》中，都规定了"人民法院应当以证据能够证明的案件事实作为依据依法作出裁判"，这样内容的条款，反映出我国民事诉讼、行政诉讼中已经确立了"法律真实观"的观念。在《关于民事诉讼证据的若干规定》第73条规定："双方当事人对同一事实分别举出相反的证据，但都没有足够的依据否定对方证据的，人民法院应当结合案件情况，判断一方提供证据的证明力是否明显大于另一方提供证据的证明力，并对证明力较大的证据予以确认。"这说明，民事诉讼的"优势可能性"的证明标准在我国的司法解释中得到确立。但是，关于刑事诉讼、行政诉讼证明标准的表述至今仍然存在较大争议。

（二）因诉讼阶段不同，而证明标准不同

第一，立案的证明标准：《刑事诉讼法》第110条规定，认为有犯罪事实需要追究刑事责任的时候，应当立案。

第二，移送审查起诉的证明标准：《刑事诉讼法》第160条规定，公安机关侦查终结的案件，应当做到犯罪事实清楚，证据确实充分。

第三，公诉的证明标准：《刑事诉讼法》第172条规定，人民检察院认为犯罪嫌疑人的犯罪事实已经查清，证据确实、充分，依法应当追究刑事责任的，应当作起诉决定。

第四，有罪判决的标准：《刑事诉讼法》第195条。

从我国的立法规定上看，除了立案的标准外，其他三个阶段的标准没有明显区别，所以，持阶段论的学者建议把刑事诉讼中的证明标准分为四个级别：立案侦查的证明标准是："合理犯罪怀疑"；逮捕的证明标准是："优势概率的证明"；对于侦查终结和移送起诉，考虑到我国侦查机关和检察机关的关系，采用相同的证明标准："明确证据的证明"；有罪判决的证明标准是"排除合理怀疑"。如果用概率来解释，这四级证明标准的概率依次为：40%、51%、80%、90%。

对于上述阶段论的观点，本书是坚决反对的。其理由是：阶段论虽然看到了在刑事诉讼的不同阶段，立法对专门机关采取相应的诉讼行为的要求和条件不同，但是，没有意识到一个问题，就是在审判前阶段，是没有证明行为的，只有查明行为，换言之，在审判前的不同阶段是否达到了法律所要求的标准，专门的负责机关是不用向他人证明的，其实这只是一种主观上的认识标准，因为，在我国的刑事诉讼中的审判前阶段并不存在一个三方的格局，三方格局的存在，是证明行为存在的一个前提。所以说，证明标准的问题只存在于审判阶段，是用来约束审判中的双方当事人和法官的。当然，如果我国的刑事诉讼像英美法系国家的刑事诉讼一样，将这种三方格局贯穿于刑事诉讼的始终，那么，就可能存在这种阶段性的证明标准。

第二节 刑事、民事、行政诉讼的证明标准

一、刑事诉讼的证明标准

（一）大陆法系国家刑事诉讼的证明标准

从正面表述刑事诉讼中的证明标准，将其界定为“内心确信”，正如1795年法国《刑事诉讼法》所规定的：“法律不要求陪审员说明他们是如何获得心证的。法律也不规定要求他们必须遵守的关于证据的规则。法律命令他们以真挚的良心问自己：为证明被告有罪而提出的证据和被告方面的防御给了他们理性以何种印象……法律只是向他们提出一个能够概括他们职务上全部尺度的问题：你们真诚的确信吗?”内心确信的本来意义是无需法官说明形成心证的理由，但这种完全依靠法官判断的做法也引起了很多批评，后来，法国的几种法典都规定，对每一个案件的判决所依据的理由，法官一定要以书面形式特别说明他的心证是如何形成的。

德国在1877年《刑事诉讼法典》正式采用自由心证原则后，通过帝国裁判所的判例逐渐形成了“高度盖然性”公式，即有罪认定除要求法官的诚实、良心和基于此而产生的有罪的内心确信外，还要求通过证据在量和质上的积累而使待证事实达到的客观的“高度盖然性”。所谓高度盖然性，一方面是指在公开的法庭上通过证据的提出和调查以及当事人双方的辩论而逐渐形成的证据在质和量上的客观状态，以及这种客观状态所反映出来的要证事实的明白性和清晰性；另一方面，高度盖然性也指法官对这种客观状态的认识，即证据的客观状态作用于法官的心理过程而使其达到确信的境地。

（二）英美法系国家

英美法系国家是以试错法和反证法来表述证明标准的，即"排除合理怀疑"。此标准的确立也许是因为英美怀疑主义思想传统的影响。可以说，正是这一标准的确立，无罪推定原则才引申出这样一条著名规则：如果对被告人有罪的证明存在合理的怀疑，则做有利于被告的推定或解释。因此，现代意义上的无罪推定，只有在"排除合理怀疑"证明标准的配合下，才能展示出完整的内容。而所谓排除合理怀疑，并非要求排除一切可能的怀疑，而仅要求此种被排除的怀疑，必须能够说出理由，摆出道理，经得起理性论证，而不是无故质疑，吹毛求疵。不管是排除合理怀疑，还是建立内心确信，他们要求达到的证明程度都是相同的，即在信念上确信，并且这种确信出于良知或者是真诚地形成的。因此，两者具有明显地同一性，这种同一性表现在：内心确信，就意味着排除合理怀疑，反之亦然。两种表述都在总体上否认绝对的确定性，认为刑事证明标准仍然是一种盖然性标准。

1. 何谓排除合理怀疑。关于这种证明标准的理解其关键都在于如何理解"合理怀疑"。

在英国，法官有责任在所有案件中，以适当的提法指示陪审团，使他们注意到证明标准有多高。如果法官不能做出这样的指示，是个严重的错误，将给有罪判决造成致命缺陷，除非控方的证据具有压倒性。所以，这里涉及到如何作出这样的指示？从英美法系国家的理论和司法实践来看，关于排除合理怀疑的指示主要从以下几个方面进行理解的：

第一，把排除合理怀疑同人们在日常生活中做出重要决定时的心理状态进行类比进行解释。按照这种理解方式，所谓合理怀疑，就是在日常生活中做出重大决定时，可能导致人们踌躇和犹豫不决的怀疑；所谓排除合理怀疑，就是人们在日常生活中做出重大决定时相信条件已经成熟并进而采取行动的心理状态。由于陪审员在法律方面通常是外行，因而可能无法正确理解作为刑事诉讼证明标准的排除合理怀疑，但只要是有正常知识的成年人，在日常生活中都会有面对重大问题作出决定的小心谨慎的心理体验，因而将排除合理怀疑与人们在日常生活中做出重大决定时的心理状态进行类比是有利于陪审团准确理解排除合理怀疑的含义和界限的。

第二，将合理怀疑解释为必须是有理由的怀疑。按照这种解释，合理怀疑必须建立在一定的理由之上，必须有合理的根据，那些没有根据的任意猜测、怀疑或者推测等是不属于合理怀疑的。一位爱尔兰法官曾这样界定合理怀疑："所谓怀疑，当然是一种可以说出理由的怀疑，而不是无故质疑。否则对于任何纷纭的人事，都可以发生想象的或者幻想的怀疑。因此，所谓合理怀疑，必非以下各种怀疑：非任意妄想的怀疑；非过于敏感机巧的怀疑；非仅凭臆测的怀疑；非吹毛求疵、强词夺理的怀疑；非故为被告解脱以逃避刑责的怀疑。如果属于以上各种怀疑，既非通常有理性的人所为合理的公正诚实的怀疑。"

第三，将排除合理怀疑理解为对被告人有罪的一种共同的道德上的坚定确信。除合理怀疑是事实审判者在对所有证据进行仔细审查后得出的认识，而非处于激情或冲动所至，这一确信必须能够经受自己良心的检验以及被告方和社会公众的审查，能够经受住时间的考验。

第四，从数量上界定排除合理怀疑，即从数量比例上来解释排除合理怀疑的确信程度。华尔兹教授认为，如果用一个十分的评分表表示的话，排除合理怀疑的证明只需要达到九分即可。英国著名的证据学家摩菲认为，在刑事诉讼中，当控方的主张证明到49%的可能性，辩方的主张为51%的可能性时，辩方胜诉；当控方的主张证明到51%的可能性时，辩方的主张为49%的可能性，仍是辩方胜诉；只有当控方的主张证明到超过90%的可能性时，控方才能胜诉。

可以说，从任何一个角度界定排除合理怀疑都是片面的，实际上英美法系国家有许多学者、法院和法官在界定排除合理怀疑的含义时往往同时从上述多个方面进行综合考虑。但是有一点是确定的，西方各国在界定排除合理怀疑时，都强调必须遵守两条基本界限：一是上限。排除合理怀疑不要求达到绝对确定的程度，不要求百分之百确定无疑。他们认为，诉讼认识是一种历史认识，是对已经发生且无法再现的案件事实的认识，是不可能达到绝对确定程度的。二是下限。排除合理怀疑要求对刑事案件的证明必须达到诉讼认识所能达到的最高程度。排除合理怀疑反映了现代社会的价值选择，那就是：将无罪者判决有罪比让有罪者脱逃法网更糟糕。

2. 排除合理怀疑的证明范围。如果从证据法的观点看，刑事诉讼中的主要证明事项就是要件实事。那么，排除合理怀疑的证明，究竟是指向作为犯罪构成的具体系争事实，还是指向对被告人有罪认定的整体性事实，或者两者兼而有之？

（1）同一标准说。该说认为证明标准的实际指向乃是案件中依当事人的诉辩主张确定的系争事实，陪审团唯有就案件中所有的系争事实应不加区分都得到排除合理怀疑的确信，才能使案件的有罪认定得到排除合理怀疑的证明。若系争事实中的任何一个没有得到排除合理怀疑的证明，陪审团都不可能形成被告人有罪的确信，整个案件的证明程度只能等于或者小于各种具体事实中的最低证明程度。

（2）分别对待说。该说认为应当将各种系争事实的证明程度与整个案件的证明程度分别对待。他们之间有内在的关联性，又有相对的独立性。对整个案件有罪认定的排除合理怀疑的证明，并不必然要求各种具体事实都得到同等程度的证明。反之，各种具体事实虽未都得到排除合理怀疑的证明，整个案件的有罪认定却可以得到如此程度的证明。而且，分别对待说也得到了不断的发展和丰富，诺登法官认为：如果旨在得到案件结论的基础事实由法律做出定型化的规定，那么，为了使此项结论得以产生，所有的要件事实都必须加以证实。如果对其中任何一项事实的证明，尚未达到排除合理怀疑的程度，那么，由此产生的结论也不可能得到排除合理怀疑的证明。不仅如此，如果不仅一项要件事实未得到如此程度的证明，那么，他们将会产生一种叠加效应，由此得出的结论较各个要件事实中的最低盖然度还要低。假设，如果有罪结论必须同时具备三项基础事实才能得出，如果其中有两项只有90%的盖然度，那么所得出的结论的盖然度上则不足73%（90%×90%×90%），在这种情形下，同一标准说是正确的。如果，陪审团通过对案情的评估，认为并非所有的基础事实都须具备，才能得出本案的结论。这样，可以选择能够有效利用的基础事实，就是本案结论的盖然度大于所有基础事实中的最高盖然度成为可能。由此派生出的逻辑结论是，即便若干或者甚至全部基础事实尚未得到排除合理怀疑的证明，但基于这些基础事实所产生的本案结论，在证明度上却可以达到排除合理怀疑的程度。

假设公诉方为保险起见提出了十项事实主张，而陪审团认为只需要其中的八项得到肯定性证实，就可以得出本案的有罪结论。如果在这十项事实中，其中有七项已被肯定为真，那么在所剩的三项中只需要其中一项得到证明即可；如果此三项事实主张均得到90%盖然度的证明，那么由此得出的结论就有

99.9%的盖然度。计算方法是：90% +（1-90%）×90% +（1-99%）×90%，按照这种计算方法，例如：80%、80%、70%，案件结论的盖然度：80% +（1-80%）×80% +（1-96%）×70%。

（三）对不同案件证明标准的差异问题

1984年联合国经社理事会通过了一个文件——《关于保护死刑犯权利的保障措施》，其中第4条规定："只有在对被告人的罪行根据明确和令人信服的证据、对实施没有其他解释余地的情况下，才能判处死刑。"其中，对"事实没有其他解释余地"被认为是显然高于"排除合理怀疑"的证明标准。这一规定也引发了这样一个问题，对于不同刑事案件（尤其是死刑案件与普通刑事案件的证明标准），要不要采用不同的证明标准？对此，我国学界也存在明显的争议：有的人认为，死刑案件应当与普通刑事案件使用相同的证明标准，其理由是：第一，如果规定死刑案件的证明标准高于普通的证明标准，将会导致普通刑事案件定罪标准的降低、案件质量的下降；第二，对死刑案件的高标准、严要求完全可以通过严格的程序和制度来实现，比如死刑复核程序，适用死刑的条件等，没有必要规定比普通刑事案件更高的证明标准。有的人认为，应当区分死刑案件与普通案件的证明标准，其中，最重要的理由是死刑案件关系一个人的生命，应当比普通案件更加慎重，证明标准应当更高。如果说普通刑事案件的证明标准是案件事实清楚、证据确实充分，排除合理怀疑；那么，死刑案件的证明标准应当为案件事实清楚，证据确实充分，具有排他性和唯一性。也就是说，死刑案件的证明标准应当更高。

本书认为，在我国的刑事诉讼证明中，就不同刑事案件的证明标准的差异问题，应该采取是"没有更高、只有更低"的策略。我国的刑事案件根据性质和严重程度，大致可以分为三种类型：判处死刑立即执行的案件、普通刑事案件、被告人认罪的按简易程序审理的案件。其中，判处死刑立即执行的案件和普通刑事案件的定罪标准应当相同，理由是：第一，刑事案件的证明标准是排除合理怀疑，如果用概率表达那就是90%以上，它已经非常接近客观真实，如果还要更高，那死刑案件的证明标准应当是什么呢？是客观真实吗？这与法律的真实观相违背，同时，法律不可能像数学一样，精确到小数点后几位的程度，证明标准所表达的一种裁判者的一种心理状态，这种心理状态带有明显的模糊性，它是人类活动所特有的一种状态，虽然西方学者用百分比的方式来形容各种证明标准，这种解释在表面上虽然是精确的，但是一旦将其运用的实务中，仍然会遇到如何将本证与反证的证明力转化为百分比的困难。所以，本书认为虽然对死刑立即执行的案件采用更高的证明标准，有其合理性，但是却不具有任何可操作性。虽然可以采用其他的程序和制度来限制死刑的使用，但是，在证明标准的问题上，基本上是不可能有任何作为的。第二，如果对死刑案件采用更高的证明标准，由于刑事案件的证明标准本身就比较高，可能造成的后果是，降低普通刑事案件的证明标准，造成普通案件的质量下降。

对于被告人认罪的按简易程序审理的案件，本书认为可以采用较一般按简略低的证明标准。理由是：第一，被告人认罪。被告人如果是在自愿的情况下认罪，其客观的效果是提高了追诉方的证据的证明力，从而使追诉方的证明在客观上更容易达到法律所要求的标准，更容易使得法官对追诉方的诉讼主张形成内心确信。这其实在客观效果上就是一种证明标准的降低。第二，按照简易程序审理的案件，根据我国刑事诉讼法的规定，一般是自诉案件、轻微刑事案件，在适用刑罚上一般也可以单处罚金，对于这样的案件，它在实质上更接近于民事案件，处于诉讼效率的考虑，可以降低证明标准，将有限的司法资源最大限度的利用。

二、民事诉讼的证明标准

（一）英美法系和大陆法系的证明标准

英美法系国家民事诉讼证明标准依据的是盖然性（probabilities）概念及其理论，其民事主张（claim）在一般情况下必须以盖然性占优（preponderance of probability）、证据占优（preponderance of evidence）的满足而获得证明。大陆法系国家，民事诉讼的证明标准则是以内心确信（intime conviction）概念一起理论为主导，具体而言，民事诉讼中的当事人必须使法官对其主张达到有效的确信程度，其主张才会被认定为真实的。

比较而言，大陆法系国家，民事案件和刑事案件证明标准上没有区别。两者都要求使合理的怀疑被排除，并具有接近确实性之盖然性。与之相应，英美法系国家民事案件所要求的盖然性程度显然要低于刑事案件所要求的程度。所以，比较起来，大陆法系民事证明标准要高于英美法系民事证明标准。不过，也有的学者持“无差异说”，无论是大陆法系还是英美法系对于民事诉讼的证明标准如何表述，实际上发现事实以及裁决具体案件的具体做法是一致的。大陆法系在裁决具体案件时，并没有真正遵循他们所说的内心确信的标准，如果在民事案件中按照他们所说的证明标准进行裁决的话，是不可能的，也是不现实的。所谓大陆法系国家的民事证明标准与刑事证明标准相同的观点，只是停留在口头或者书面的表达上而已，实际并非如此。

本书对这种无差异说持有怀疑的看法，理由是：

第一，从英美法系和大陆法系关于证明标准的表述上一看便知，两者之间存在巨大的差异，当两大法系证明标准的表述差异如此巨大时，显然会对案件的裁决结果产生巨大的影响。例如，在具备证据优势时，英美法系判定当事人应当胜诉的案件，而大陆法系由于存在合理怀疑，已无法满足证明标准之要求，会作出相反的判决结果。

第二，从民刑判决的关系上看，在英美法系国家，不同的民事和刑事证明标准意味着某一个刑事案件中的被告人被宣告无罪的话，并不排除原告可能依据同样的事实基础对被告进行民事责任的指控。最典型的就是辛普森案件，刑事的陪审团适用了排除合理怀疑的证明标准，宣告辛普森无罪；而另一民事陪审团则适用了盖然性占优势的民事证明标准，在随后的民事判决中宣告其应对同样的行为承担民事责任。与之相对应的是大陆法系国家普遍认为刑事的无罪判决可对抗民事裁决，也就是说，有一个民事案件的结果不能与以前的刑事有罪或者无罪判决相矛盾，即民事案件与刑事案件应适用相同的证明标准。

第三，民事诉讼与刑事诉讼合并的现象在大陆法系国家广泛存在（刑事附带民事诉讼）。而英美法系国家一般采取分别审理的原则。在大陆法系国家，民事案件的原告都愿意尽可能地将民事主张一并纳入刑事诉讼中来解决，其原因就在于：当事人充分意识到，在刑事附带民事诉讼中，即使被告人享有无罪推定等权利，但是也不会使得自己丧失任何利益，应为两者的证明标准非常的接近，都需要法官形成内心确信。

那么，为什么大陆法系的民事证明标准要高于英美法系的民事证明标准？产生这种现象的原因是多方面的，主要有以下几点：

第一，在欧洲中世纪，两大法系在证据制度上都属于法定证据制度时代，没有明显的区别。法定证据制度是为了防止法官的恣意而牺牲了个案的真实和公正，最终导致依靠刑讯逼供获取被告人的自白，而刑讯逼供本身常常不可避免地导致不真实地事情发生。伴随着法国大革命开始，法国在证据制度领域也发生了所谓的“证据制度上的革命”（革命意味着打碎一个旧的世界，创造一个全新的世界），法国推翻了法定证据规则，转而青睐于证据的自由评价。于是适用所谓“内心确信”证明标准于所有的案件之中，其中包括刑事和民事案件。到了 19 世纪下半叶，自由心证原则已经在大陆法系国家得到了普遍的承认。

但是，在英美法系代表的英国和美国则与法国的历史发展截然不同，其在证据法发展史上并没有出现像法国那种激烈的中断现象，原有证据法得以持续健康地发展，并且其特有的陪审团制度显然也对其有明显的促进作用。在大陆法系国家，由于审判最初有经验丰富的法律专业工作者（法官）主持，因此，没有必要去建立复杂的证据规则，法官可以听取一切证据，然后根据自己的内心确信作出评断。这种制度在一定程度上限制了证据法以及相应地证明标准问题的发展。于是，直到今天形成了两大法系在证明标准问题上迥然不同的概念和理念。

第二，从民事诉讼的目的看，大陆法系从私权保护出发，必然要求对当事人实体法的构成权利之要件事实真实与否予以充分证明，在此基础上才能使用相应的法律，取得该法律效果的裁判。而英美法系从纠纷解决为诉讼目的出发，事实的真实与否显然并不构成裁判阻碍之所在。

第三，在英美法系法律发展史上，对于盖然性的理论研究长期以来都没有停止过，而英美法系的陪审团制度，更是对盖然性理论的发展起到了不可忽视的作用。早期的陪审团也是依据良心与主观意识进行裁判的。直到 18 世纪，英美法系在事实认定上取得了相当大的进步，即产生了要求刑事和民事陪审团必须将其建立在当事人向法庭出示证据的基础上，于是，法官开始详细地以盖然性术语来指导陪审团。刑事案件也逐渐开始依据排除合理怀疑之标准。这是较低的民事证明标准的进化则不太明显，但其已经开始与刑事证明标准开始分离。从那时起，民事证明标准概念经过大量民事判例的积累，逐渐被归纳和提升。而大陆法系国家实行参审制，即职业法官与一般公民共同进行事实认定和法律适用，自由心证主义则成为法官评价证据的原则。

（二）我国民事证明标准的确立

1. 确定证明标准的依据。无论是大陆法系国家、英美法系国家，在民事诉讼中都实行辩论原则，它要求：第一，直接决定法律效果发生或者消灭的必要事实必须在当事人的辩论中出现，没有在当事人的辩论中出现的事实不能作为裁判的依据；第二，当事人一方提出的事实，对方当事人无争议的，法院应当将其作为裁判的依据；第三，法官对案件证据的调查只限于当事人双方在辩论中提出来的证据。

正是由于在民事诉讼中实行辩论原则，证明责任的分配问题就变得尤为重要。可以想象，案件的胜败完全建立在当事人双方的辩论的基础上，法官仅仅是居中裁判，那么，谁承担证明责任，就意味着谁对自己的诉讼主张提供证据予以证明的义务，而且这种证明义务必须达到法律规定的证明标准，才能算是成功履行了证明责任，才有胜诉的可能性。证明标准连同证明责任都成为了不得不关注的问题。两者之间具有密切的关系。

在绝大多数的民事诉讼中，原告是主张权利的一方，需要对产生权利的事实负担证明责任，在产生权利的事实获得证明前，被告即便只是单纯的否认，不提出积极的抗辩，也没有败诉的危险。原告举证成功后，才发生被告对其主张的积极抗辩事实负担证明责任的问题。这意味着，尽管法律通过证明责任的分配制度尽可能的平衡原、被告之间败诉的风险，但是，由于在证明责任问题上原、被告之间存在着“时间差”（原告在先，被告在后），原告实际上面临着比被告更多的败诉风险。

如果证明标准规定得过高，原告提起诉讼后常常因为不能够满足证明标准的要求而被驳回诉讼请求，败诉的风险就会进一步增大。败诉的风险会使得人们在提起诉讼前犹豫不决、会成为人们行使诉权的严重制约因素。但是，另一方面，证明标准也不能定得过低，过低则可能诱发滥诉。正如一位学者所言："由于较容易获胜的希望很大，大量增加以虚假的事实主张起诉的案件，将导致讼灾。"所以，证明标准的确定应当在有利于行使诉权和防止滥诉之间寻求平衡点。

2. 我国民事诉讼的证明标准。关于证明标准的立法体例，大致有两种情形：一是大陆法系国家实行自由心证原则，证明标准属于对证据自由评价的范畴，因此在诉讼法中并不对证明标准作出原则性的规定，而把这一问题留给判例和学说来解决。二是在法律中直接规定原则的证明标准。

我国《民事诉讼法》中没有明确地关于证明标准的规定，但是在《最高人民法院关于民事诉讼证据的若干规定》第73条规定："双方当事人对同一事实分别举出相反的证据，但都没有足够的依据否定对方证据的，人民法院应当结合案件情况，判断一方提供证据的证明力是否明显大于另一方提供证据的证明力，并对证明力较大的证据予以确认……"这说明，民事诉讼“高度盖然性”或者“盖然性占优势”的证明标准在我国的司法解释中得到确认。如果用概率表示的话，应该是70%以上的证明力。

在这里需要注意的问题是：证明标准是否在法律中得到明确规定，是有实际意义的。尤其是对于以法律审作为第三审的三审终审国家。如果证明标准在法律中没有明确规定，说明证明标准问题属于事实问题，即便当事人认为法官使用证明标准错误，也不得提起第三审的上诉；如果证明标准在法律中有明确的规定，当事人就有权就证明标准问题，向第三审法院提起上诉。

3. 证明标准的检验。证明标准一旦确定，裁判者就有责任按照既定的证明标准评价证明结果，认定有争议的案件事实。法官在诉讼中可能正确地适用了证明标准，也可能错误地适用了证明标准。如果适用证明标准错误，必然影响到认定案件事实的正确性。当案件中的证据相当充分，证明力很强，很容易使裁判者形成待证事实存在的内心确信时，裁判者一般不会为证据的证明力是否已达到证明标准感到困惑；而当有一些证据证明案件事实的存在，这些证据也有一定证明力，或者主张事实的一方虽然提出了强有力的本证，但本证的证明力被对方所提出的反证所削弱，或者本证的证明力虽然强于反正，但是无压倒性的优势时，裁判者倾向于相信待证事实的存在但无十分的把握，往往会对证明力是否已经达到证明标准犯愁。在此情形下，正确把握证明标准对正确认定案件事实关系重大，适用证明标准时，掌握的过严或者过松都会造成事实错误。

有的人主张以第三者控制的模式来验证法官适用证明标准是否正确，即当一个有理性的第三者从既定的证据中能够获得代证事实存在或者不存在或者真伪不明的心证时，审理案件的法官也应当获得同样的心证，否则，法官就一定是在把握证明标准是发生了错误。不过，也有人反对使用这种模式，认为这将导致由局外人来裁判案件，否定法官的自由心证。

本书认为，第三者控制模式还是有其合理性的。自由心证就是让法官本着其良心和理性认定案件事实。在这一过程中法官应作为一个有理性的人行事，杜绝任何任意和偏执。如果根据案件中的现有证据，任何一个有理性的人都会认为案件事实存在或者不存在，而法官执意作出了相反的结论，其认定事实的正确性就大可质疑了。因未能恰如其分地把握证明标准造成对事实的认定错误有两种情况：一种是在证据已经具有较强的证明力，已经相当充分的情况下，因法官对证明标准的掌握过严而未认定本应认定的案件事实。另一种是在证据证明力明显不足的情况下因对证明标准掌握过松而轻率地认定了案件事实。

4. 特殊的民事诉讼证明标准。高度盖然性的证明标准仅仅是民事诉讼中一般的原则性的证明标准，换言之，大多数的民事案件适用高度盖然性的证明标准，但是，同时也必须考虑的某些民事诉讼的特殊性，从而采用比高度盖然性的标准更高或者更低的证明标准。

第一，高于一般民事案件的证明标准。根据英美判例及其学说，需要使用比一般的民事案件更高的证明标准的案件主要有：①驱逐出境和丧失自由（藐视法庭）；②虐待儿童；③民事案件中的刑事指控；④婚姻案件；⑤口头信托；⑥口头遗嘱；⑦以过错或者欺诈为由请求变更文件；⑧请求实际履行口头合同。

比照英美法系的这种立法精神，我国有些学者提出，应当对以下三类案件，适用更高的证明标准：

其一，案件性质涉及婚姻或者公益的。尤其是在一方当事人主张另一方当事人存在过错的情况下，正所谓清官难断家务事，婚姻不仅对当事人很重要，而且对国家也很重要，所以，要求法官必须以更高的证明标准来评断案件事实。对于涉及公共利益的案件，也应该是用更高的证明标准，例如，在一起阻碍物引起高速公路交通事故的损害赔偿案件中，争议的事实是高速公路管理处是否尽到了职责。在该案中，高速公路管理处虽然已经举证证明了按照高速公路管理制度尽到了巡查义务，但是法官判定，由于高速公路管理处现代化的条件，能够使得他们对路面阻碍及时发现并清除，但是却没有及时发现并清除，因此，没有尽到勤勉和谨慎的高度的注意义务，如果按照一般的证明标准，高速公路管理处所提供的证据已经达到。但是，法官采用更高的证明标准时，高速公路管理处无法在举出更有力的证据，所以，法官判决高速公路管理处承担赔偿责任。

其二，错误判定事实可能产生极其严重的社会后果。对于这类案件一般使用更高的证明标准。主要是关于人格、身份关系以及民事欺诈的案件。

其三，法律或者司法解释已经做出明确规定的特殊证明标准。例如《合同法》第68条规定："应当先履行债务的当事人，有确切证据证明对方有下列情形之一的，可以中止履行：（一）经营状况严重恶化；（二）转移资产、抽逃资金、以逃避债务；（三）丧失商业信誉；（四）有丧失或者可能丧失履行债务能力的其他情形。"我国学者将这条规定称为"不安抗辩权"，为了防止不安抗辩权的滥用，规定了不安抗辩权人的证明责任，同时，要求其提出对方丧失或者可能丧失履行能力的确切证据。如果该主张者没有确切证据而中止履行的，应当负违约责任。

根据《最高人民法院关于民事诉讼证据的若干规定》第8条第4款的规定："当事人在法庭辩论终结前撤回承认并经对方当事人同意，或者有充分证据证明其承认行为是在受胁迫或者重大误解情况下作出且与事实不符的，不能免除对方当事人的举证责任。"可见，这里的"充分的证据证明"也采用了比一般的证明标准更高的证明标准。

第二，低于一般证明标准（民事证明标准的减轻）。对于某些案件，如果具体的民事诉讼中出现证据分布不均匀和证明困难的问题时，也可以允许减轻证明标准。其理由是：

其一，证明困难。对于超出了现代科学技术水平范围的要件事实，无论任何人采用任何手段进行证明，都无法使法官获得一定程度的心证。为了实现实体法上的公平与正义，应当允许原则性证明标准的减轻。这类案件大多属于医疗、环境公害等诉讼中有关过失、因果关系事实的案件。

其二，证据分布不均。当事人双方在信息的占有上明显处于不均衡的状态，例如，在医疗过失诉讼中，有高度的专门化和专业化，作为被告医院方具有医学专门知识之绝对优势以及对诊治资料的绝对占有；又例如，在制造物责任诉讼中，对于消费者而言，从其知识、财力出发，判断产品外观、质量的能力在极为有限的情况下，对该产品的安全进行彻底的检验是完全不可能的；基于对弱势当事人的保护，在医疗、产品制造、公害之类的诉讼中，受损害方存在着证明损害方主观要件的困难。法官在裁判中往往会对过失问题、因果关系问题的证明，采用表见证明和推定的方法。在采用表见证明或者推定的时候，一方面降低了受害方的证明标准，另一方面也会产生证明责任的转移或者转换的问题。关于表见证明和推定由于涉及到证明责任的转移或者转换，所以，对此本书将在证明责任一章中给大家详细阐述。

从上述对民事证明标准的表述上看，我国的民事诉讼证明标准首先有一个原则性的标准，即盖然性优势或者高度盖然性的标准，这种标准适用于大多数的民事案件。但是，考虑到一些民事案件的特殊性，很多学者主张应该根据案件的性质以及对要件事实证明的难易程度，采用特殊的证明标准，这种标准或者更高或者更低。这种证明标准体系本书将其称为“一元化基础上的多元化”，它不同于纯粹的多元化，而下面要讲的“行政诉讼的证明标准”，本书认为是一种“纯粹多元化的证明标准体系”。

其实，这种多元化的证明标准是建立在证明标准的量化分析的基础上，曾经有一位日本的法官叫“村上博已”，他对全部的证明标准进行了整理：

最高度的真实盖然性：毫无合理怀疑程度的证明，其为90% ~99%。

高度的真实盖然性：明白且有说服力的证明，其为80% ~90%。

高度的真实盖然性：根据证据优势的证明，其为70% ~80%。

轻度的盖然性：半证明、疏明，其为55% ~70%。

有的学者认为，这种对证明标准量化的研究，已经把证明标准引入精确化，忽视了人的认识规律，从而可能导致证明标准的虚无化。过于细化的证明标准与证明标准的模糊性相违背。证明标准的这种精确化，在司法实践中不具有任何实际意义。本书认为，在司法实践中证明标准确实很难量化，甚至精确化，但是我们却也不能因此而否定证明标准的差异，对于不同性质的诉讼，对于同一诉讼中不同性质的案件，法官确信程度应该是不同的，同时，对证明标准的量化研究给法官在不同的案件中提供了一种指导，有利于法官在不同的案件的比较中，形成心证的等级。

三、行政诉讼的证明标准

（一）行政诉讼自身的特性以及对证明标准的影响

1. 行政诉讼的证明标准与行政程序的证明标准是一致的。

行政诉讼是对行政行为进行司法审查的行政法律监督制度，换言之，行政诉讼在一定意义上是一种复审程序。也就是说具体的行政行为在接受行政诉讼审查之前，已经经历了相应的法律程序，如行政处罚程序、行政裁决程序、行政许可程序等行政程序。行政诉讼仅仅是对被诉的具体行政行为的司法性的复审，依据“先取证、后裁决”的原则，在行政诉讼中，法院只能对已经使用过的证据进行重新审查，以确定行政行为是否存在不合法的情况。因此，行政机关向法官提交的证据必须是作出具体行政行为所依据的证据，而行政机关也必须证明这些证据已经达到了应当达到的作出具体行政行为的证明标准。而这一标准也是法院审查具体行政行为是否合法的标准，可以说，行政诉讼的证明标准是从行政程序的证明标准转化而来的，两者应当是一致的。因为，如果法院的审查标准高于或者低于行政机关的标准，那么，必然造成两者对合法性在理解上的差异和矛盾。

但是，我国至今没有一部行政程序法典，以至于大量的行政行为缺乏程序规定，更不用说关于程序证据方面的规定了。可以说，我国的行政程序证明标准是自由裁量标准或者说无标准。依前所述，行政诉讼具有复审性，行政诉讼的证明标准就是行政程序中的证明标准，那么，在我国没有行政程序的情况下，就要反其道而行之，即首先在行政诉讼中确立证明标准，以法院的证明标准来指导具体行政行为做出的行政程序的证明标准。

2. 行政诉讼的证明标准与民事诉讼、刑事诉讼比较起来具有多样性的特点。其原因主要是：其一，行政行为调整的范围非常宽泛，所涉及到的权益的性质、大小当然也就存在很大的差异性。这些权益不仅包括公民的私权，还包括各种公共利益，针对不同性质、不同大小的权益而事实的不同的行政行为当然不能使用同样的证明标准。其二，行政行为是具有公权力性质的行为，公权力具有很强的强制性、侵犯性等特点，为了规范公权力的实施保护公民的自治权，对于公权力色彩较浓、当事人自治程度较弱的行政行为，应当应用较高的证明标准；对于公权力色彩较弱、当事人自治程度较强的行政行为，应当应用较低的证明标准。由此可见，单一的证明标准是无法满足行政诉讼特点的要求的，所以，本书认为行政诉讼的证明标准体系应当是一种“纯粹多元化的证明标准体系”。

（二）国外行政诉讼的证明标准考察

纵观英美法系国家和大陆法系国家的行政诉讼证明标准，不难发现以下规律和特点，这些规律和特点在一定程度上都值得我国参考和借鉴：

1. 对法律问题和事实问题的区分。这种区分主要发生在美国，后来也被日本等大陆法系国家借鉴。之所以要在行政诉讼中严格区分法律问题与事实问题，理由是：第一，学者们一般认为：对于法律问题，法官是专家，所以对行政行为的法律适用问题，法官享有绝对的发言权；对于事实问题，行政机关是专家，很多行政行为都具有明显的技术性和专业性，法院一般应当尊重行政机关在事实问题上的决定。因此他们奉行“司法尊让原则”，在司法审查中，区分法律问题和事实问题，并分别适用不同的证明标准。

第二，西方的一些国家在政治体制上都贯彻三权分立原则。而行政诉讼很特殊，它的特殊性就在于它连接了行政权与司法权。为了防止司法权过度的干预行政权，要求司法机关在对行政行为进行审查时，对于事实问题一般要尊重行政机关的意见，除非对事实问题的认定涉及到当事人重大的权益。

2. 行政诉讼证明标准的多元化。无论是英美法系国家还是大陆法系国家，对于行政诉讼的证明标准都存在多元化的特点。以美国为例，就事实问题的证明标准，美国司法审查适用三个标准（由低到高）：

第一，实质性证明标准。这种标准适用到司法审查中，表现为法院尊重行政机关对事实问题的判断。只审查行政机关对证据的审查是否有实质证据的支持，所谓“实质性证据”是指一个理性的人可能接受作为一个结论的正当的支持。可见，实质性的证明标准是一个较低的证明标准，只要行政机关的证明合理，就具备了实质性证据的支持，因此，此种证明标准的适用范围相当狭窄，只适用于根据正式的听证程序所作决定的事实问题的审查。因为正式的听证程序类似于司法程序，适用案卷排他性原则，那么，司法审查就等同于行政程序的上诉审，法院只需审查听证案卷，如果行政裁决具有合理的正当的证据支持，法庭及应予以支持。

第二，专横、任性、滥用自由裁量权标准。它适用于行政机关依据非正式程序作出的决定。它不仅适用于审查行政机关的事实裁定，而且还适用于审查行政机关在形式自由裁量权时的选择是否合理。所以，这种标准的适用范围比较广泛。它要求行政机关自由裁量达到了非常不合理的程度，以至于任何理性人都不会作出这样的选择和判断。

第三，重新审理标准。这种标准是一种最严格的标准，适用此标准时，审查法院可以以事实问题的裁定代替行政机关对事实问题的裁定。一般情况下，法院应当尊重行政机关对事实问题的裁定，所以，这一标准适用的范围非常狭窄，主要适用于：行政机关的行为属于司法性质的裁判；在非司法性行为的执行过程中，出现行政程序中没有遇到的问题；法律规定的重新审理，法院如果发现行政机关的行为没有合理的证据支持到一定的程度，必须由法院对事实问题重新审查，而不限于复查行政程序认定的事实。

（三）我国行政诉讼证明标准的确立

1. 我国行政诉讼证明标准及其影响。我国行政诉讼证明标准是“案件事实清楚、证据确实充分”，这种一元化的证明标准对我国行政诉讼的影响：第一，我国行政诉讼中存在不同类型的行政纠纷，单一的证明标准缺乏灵活性，不能满足行政诉讼中纷繁复杂的情况。第二，体系化、法定化的证明标准的缺失导致行政诉讼出现公正信任危机，由于法定的合理的证明标准的缺失，在实务中应用的证明标准多为法官的个人判断而不被人们所了解，以至于对证据的操作就若明若暗。使人们对行政诉讼的公正性产生怀疑。第三，法官的自由心证缺乏实质性的控制，自由裁量权过大，往往会出现相同的或者类似的案件审理的法官不同，裁判的结果差别很大。第四，对法律的问题和事实的问题采用相同的标准，极容易导致司法权对行政权的侵犯，行政诉讼使得司法权与行政权发生联系，而司法权与行政权有不同的分工，因而，行政诉讼既应该保证司法权对行政权的监督，又要防止司法权对行政权的侵害。因此，行政诉讼中，法院完全服从行政机关的决定或者完全不顾行政机关的决定都是不对的，特别是对事实认定的问题，法院应当尊重行政机关的认定，这在理论上是司法尊让原则的要求，也是各国的通例。但是，即使对待法律问题，法院也不应该全盘使用目前的严格的证明标准，因为行政机关也有一定的立法权，而且行政行为的实施有时候不仅要考虑合法性原则和合理性原则，还要考虑行政效率原则和行政应急性原则，标准过高，不利于行政效率。

2. 我国行政诉讼证明标准的研究现状。近年来，我国关于行政诉讼证明标准的方案大量涌现，主要有：第一，优势证明标准适用于一般的行政诉讼；排除合理怀疑的证明标准适用于严重影响当事人人身权利、财产权利的情况；具有合理怀疑的证明标准适用于因公共利益的需要行政机关不需要确凿的证据就可以采取行动行为，例如行政紧急处置行为，原告起诉使用表面真实标准。第二，尊重行政机关判断的标准，主要适用于行政机关的管辖权和对法律的解释；合理性审查标准，适用于对事实裁定的审查和一般处理结果的审查；完全审查标准，适用于对行政机关职权大小的审查和对法律适用的审查以及程序性问题的审查。第三，一主二辅的标准。所谓“主”，是指清楚而有说服力的证明，适用于一般情况；所谓“二辅”是在特殊情况下适用优势证明标准和排除合理怀疑的证明标准。

还有很多学者提出不同的区分标准：如根据事实问题和法律问题，区分不同部分的证明标准；根据行政机关自由裁量权的大小，确定不同的证明标准；根据诉讼的类型确定不同的证明标准；针对原告、被告适用不同的证明标准。

3. 建立行政诉讼证明标准应当注意的因素。

（1）行政诉讼的目的。其一，保护相对人的合法权益。从这一目的出发，对于那些涉及公民重大人身权利、财产权利的案件，应当使用较为严格的证明标准。其二，监督行政机关的行政。从这一目的出发，区分法律问题与事实问题，法官在法律问题上享有决定权，适用较高的证明标准；在事实问题上，由于涉及行政管理的专业性，应当奉行法院的尊让原则，适用较低的证明标准。区分合法性问题与合理性问题，对于合法性问题，法院应当进行严格审查，适用更高的证明标准；对于合理性问题，即行政机关的自由裁量的问题，法院应该尊重行政机关的选择，适用较低的证明标准。

（2）行政诉讼的证明责任。证明标准与证明责任有密切的关系，证明标准是对证明责任的量化。根据《行政诉讼法》第32条的规定："被告对所作出的具体的行政行为负有举证责任……"，行政诉讼的证明责任包括两个方面：一方面要求被告提供事实根据；另一方面要求被告提供法律根据。而原告需要对下列事项承担证明责任：证明起诉符合法定条件，但被告认为起诉超过诉讼期限的除外；在起诉被告不作为的案件中，证明申请的事实；在行政赔偿诉讼中，证明被诉的行政侵权行为造成的损失的事实；其他需要由原告承担证明责任的事项。在建立行政诉讼的证明标准时，原则上对原告和被告适用不同的证明标准，原则上对被告适用较高的证明标准。

（3）行政行为类型的多样性。行政行为类型的多样性，要求在行政诉讼中不可能使用整齐划一的证明标准，要针对不同的行政行为类型采用不同的证明标准。

4. 本书建议。

（1）就法律问题而言，本书认为一般应适用排除合理怀疑的标准，但是对于法律问题，排除合理怀疑也不是唯一的标准，因为行政机关的行政职权受到法律约束的程度不同，存在羁束裁量权和自由裁量权，对于前者当然要使用排除合理怀疑标准，对于后者，应当考虑行政机关的自由裁量权以及行政机关在长期的管理中形成的对法律如何适用的理解，适用较低的证明标准。

（2）就事实问题而言，本书认为应该建立一个多元化的证明体系：

第一，优势证明标准。法官认为证据所证明的事实的存在比不存在更有可能时，就应当认定事实的存在。这种标准一般适用于民事诉讼。在行政诉讼中，它适用于：其一，行政裁决案件，行政裁决是行政机关以公断人的身份裁决两者之间发生的民事纠纷的行政行为。即行政裁决的客体是民事纠纷而不是行政争议。因此，这类案件和民事诉讼的证明标准是一样的。其二，行政机关适用简易程序作出的行政行为的案件。

第二，排除合理怀疑。主要适用于：涉及拘留、劳动教养等限制人身自由的行政诉讼案件；较大数额的行政处罚，以及强制措施引发的行政诉讼案件；责令停产停业或者吊销营业执照和许可等对行政相对人的人身或者财产有重大影响的案件。

第三，清楚而有说服力的证明标准。这种标准是介于民事和刑事之间的，除了更高的和更低的情况，其余的行政诉讼案件适用这一标准。

第四章

证明责任

第一节　证明责任的概述

一、证明责任与举证责任

目前，我国法学界和司法界在这个问题上使用着两个概念，一个是证明责任；一个是举证责任。在学术著作中，人们比较多的使用证明责任的概念；而在司法实践中，人们更多地使用举证责任的概念。就我国现行法律而言，只有《行政诉讼法》明确使用了“举证责任”的概念。

有人认为这两个概念完全等同，有人认为这两个概念必须严格区分。其实，就这一问题，外国学者也是众说纷纭，例如，在英美法国家的证据法中，有三个相关的概念：证明责任（burden of proof）、举证责任（burden of production）、说服责任（burden of persuasion）。有的学者认为，证明责任是一个总概念，举证责任和说服责任是两个下位概念。有的学者认为，这三个概念是相互独立、相互区别。

本书认为，从字面上看，举证的含义是举出证据或者提供证据；证明的含义使用证据来表明或者说明。那么，严格地说，举证责任只是举出证据的责任，证明责任则是运用证据证明案件事实的责任，二者的侧重有明显的不同。但是，如果进一步分析其实质内涵，人们会发现而这其实相去并不太远，因为举证的目的也是要运用证据证明案件事实，而证明也就包含了举出证据的意思。离开证明案件事实的目的，举证便成了毫无疑义的行为；没有举出证据的行为，证明也就成了一句空话。所以，本书认为这两个概念不必严格区分，也不必强行肯定一个，否定另一个。语言是约定俗成的。人们长期以来在使用举证责任这个概念的时候其实已经赋予它证明责任的含义，尽管这两个概念的字面含义有所不同，但是人们在长期的语言习惯中已经把他们当作同义词来使用，没有强行改变的必要。当然，在不同的语言环境下，人们可以按照习惯选用证明责任或者举证责任。

二、证明责任的含义

关于证明责任的含义有三种学说：第一，行为责任说，认为证明责任就是提供证据这种行为的责任；第二，结果责任说，认为证明责任是在案件事实不清的情况下，由负证明责任的一方当事人承担不利后果的责任；第三，双重含义说，行为意义上的证明责任和结果意义上的证明责任。本书基本上赞同双重含义说，而且这种学说在我国证据法学界也得到了广泛地接受。

理解证明责任的概念，应该注意以下方面：

第一，在诉讼中承担证明责任的只能是诉讼当事人，不包括法官。这里的“诉讼当事人”是一个特别的说法，它主要是指诉讼中处于争议地位的双方。

第二，证明责任是以审判为中心的，主要表现在诉讼的审判阶段。在审判以前的诉讼活动中，不存在证明责任的问题。换言之，侦查人员不是刑事诉讼中承担证明责任的主体。

第三，证明责任与事实主张具有密切的关联。没有事实主张，就没有证明责任。换言之，证明责任要以一定的事实主张为基础，而承担证明责任的人往往先有一定的事实主张，否则，证明责任就成了无本之木。

第四，证明责任应该包括三个层面：其一，提供证据的行为责任，即诉讼当事人就其事实主张向法庭提供证据的责任；其二，说服实施裁判者的责任，即诉讼当事人使用符合法律要求的证据说服事实裁判者相信其事实主张的责任；其三，承担不利后果的责任，即诉讼当事人在不能提供证据或者不能说服事实裁判者而且案件事实处于不清状态时承担不利诉讼后果的责任。

三、证明责任的性质

证明责任属于诉讼当事人的负担，从法律上讲，证明责任既不是权利（因为权利可以放弃）也不是义务（因为义务必然带来法律制裁），而是当事人为了获得胜诉判决而不得不接受的负担。负有证明责任的当事人不进行争鸣或者没有完成法律所要求的证明，就必须面对不利的诉讼后果。当然，如果其不介意败诉的后果，也可以卸下这个负担。英语中的 burden 的本意就是“负担”，只不过在翻译成中文时被译成了“责任”。

第二节　刑事、民事、行政诉讼的证明责任

一、刑事诉讼证明责任

（一）刑事证明责任分配的基本原则

1. 无罪推定原则。无罪推定原则是确立了刑事证明责任分配的基本原则。它反映在证据法上表现为：无罪推定原则要求作为国家追诉机关的检察机关，一旦向法院提出了对被告人追究刑事责任的要求和主张，它就有义务向法院证明被告人有罪。被告人不承担证明自己有罪或者无罪的责任。而且，当裁判者对被告人有罪的判断尚存怀疑时，应作出对被告人有利的解释，也就是“疑罪从无”原则。疑罪从无体现为：法庭对指控被告人犯罪的证据存在实质上的怀疑而又无法排除时，应当确认该项指控不成立。正是在证明责任的问题上，无罪推定与有罪推定彻底划清了界限。在有罪推定下，被告人也可以辩解，但这种辩解是履行义务的一种表现，因为被告人有责任证明自己无罪；而在无罪推定原则下，被告人没有证明自己无罪的义务，它进行辩解是行使权利的体现。

我国目前并没有真正在证据法学意义上确立无罪推定原则，从立法上看，我国《刑事诉讼法》有关证明责任的问题规定在第50条：“审判人员、检察人员、侦查人员必须依照法定程序，收集能够证实犯罪嫌疑人、被告人有罪或者无罪、犯罪情节轻重的各种证据……”第35条规定：“辩护人的责任是根据事实和法律，提出证明犯罪嫌疑人、被告人无罪、罪轻或者减轻、免除其刑事责任的材料和意见，维护犯罪嫌疑人、被告人的诉讼权利和其他合法权益。”

从上述法条的表述来看，本书认为与无罪推定原则的精神并不吻合：

第一，既然是无罪推定，那就表明被告人原始的法律身份状态是无罪的，相应地，作为公诉机关的检察机关的证明范围就应当是有罪的控诉，因为，无罪已经成为一个当然的前提。但是，按照第50条的规定，我国的检察官的职责除了证明犯罪构成要件外，还应该包括阻却违法、阻却责任等各种无罪、无责事由，如果是这样的话，这是否就意味着这个当然的前提被打破了？

这个问题比我们想象的要复杂得多，其实，这里涉及到另外一个问题：检察官的客观义务。所谓检察官的客观义务，是指检察官在执行职务过程中有义务保持客观公正的立场。围绕检察官在刑事诉讼中的任务和义务产生了截然不同的两派：一派是主观派，认为检察官仅仅是承担控诉职责的一方当事人；另一派是客观派，认为检察官不仅仅是一方当事人，而且是法律守护人。主观派和客观派经过激烈的斗争，最终以客观派大获全胜而告终。因此，在刑事诉讼中，检察官承担着双重义务，既要调查对被告人不利的事实，又要调查对被告人有利的事实。这两种义务并不矛盾，因为检察机关更上位的义务是要实现刑事诉讼的目的，既要准确惩罚犯罪，又要保护被告人的合法权益，客观派的观点得到了大陆法系国家如德国、日本的确认。在英美法系国家，也开始强调检察官应当承担一定的客观义务，强调检察官在履行控诉职能的同时要兼顾被追诉者的实体利益和程序权利。

检察官自属一方当事人，基于无罪推定原则，应由检察官负败诉之不利益的证明责任，但是，在现代刑事诉讼体制下，检察官虽为公诉案件之原告，但与自诉人不同，其提起诉讼之目的，并非求得犯罪之补偿，或对犯罪人施以报复，而是在维持社会秩序与刑事司法公正之实现，故检察官在具体刑事审判过程中，虽基于原告地位，实际上则带有“公益代表人”色彩。就检察官的客观性义务而言，此项义务乃是对弱势被告最为重要的补偿措施，贯穿检察官全程诉讼活动中，尤其是到庭活动。到庭时检察官固然应尽前述之证明责任，但其目标不在确认其起诉，而在于追求公正的裁判。检察官不是也不应当是“打击犯罪的追诉狂”，而是有利或者不利都一律注意的“法律守护人”，因此，无论是对被告人有利或者不利的证据，检察官都应提出；同时，到庭检察官也应随着案件审理过程的推进，凭其在审理程序中所得到的直接印象逐渐修正或者补充其陈述内容，并不受其起诉间接的约束，如此，才能协助法官形成真实与正义的审理结果。检察官依审理结果确信被告人无罪时，甚至应以今日之我挑战昨日之我，请求法官为无罪判决，而不该将错就错。

在我国，检察机关是法律监督机关，客观义务理应是检察官最重要的义务，检察官与被告并不处于截然对立的关系，检察官在必要时甚至应请求为无罪判决，既然如此，无罪判决既不是检察官的耻辱，也不等于检察官未尽证明责任。证明责任的问题一般是在对立双方的争议中予以说明的。争议中体现进攻方与被进攻方之间利益对立和冲突，体现了“双方当事人原则”。刑事诉讼和其他诉讼一样，都存在双方当事人，即公诉人和被告人，但是双方形式上的对立并不能说明双方利益上的对立。因为检察官独揽起诉权，因此他尤其要对真实性和合法性肩负更多责任。或许可以认为，刑事诉讼中的双方当事人原则已经相当弱化，因为检察官的客观义务减轻了被告辩解的责任。

第二，按照无罪推定原则，被告人没有义务和责任证明自己有罪或者无罪。那么，产生的问题是：该如何理解第35条中规定的“辩护人的责任是根据事实和法律，提出犯罪嫌疑人、被告人无罪、罪轻或者减轻、免除其刑事责任的材料和意见”？本书认为，如果根据无罪推定原则的精神，这里的“辩护人的责任”，应当理解为“辩护人有必要”，因为虽然从理论上讲，被告人没有义务辩解，即使是在被告人没有做任何辩解的情况下，如果公诉人的证明没有达到法律的要求也不能认定被告人有罪，但是在司法实践中，公诉人举证完了，一般说来，就产生了一种辩解的必要，因为如果被告人不辩解，很可能使他在诉讼中处于非常不利的地位，所以，代表被告人利益的辩护人，就有必要进行辩解，但是，有必要辩解与有义务辩解是完全不同的，前者只是被告人为了防止败诉的可能性而产生辩解的动机；后者则意味着如果被告人不做任何辩解的话，将必然导致其败诉的后果，因为这是他的义务和责任。所以，本书认为这里的“辩护人的责任”应修改为“辩护人有必要”更符合无罪推定原则的精神。或者说在理解上，我们应当把这里的“辩护人的责任”理解为“辩护人有必要”。

2. 程序正义原则。由于证明责任总是与败诉风险相联系，在其分配问题上，简单机械的贯彻“谁主张，谁举证”原则，并不一定能够保证诉讼证明责任的正当性。虽然程序能够为当事人提供一个相当封闭的平等对话的场所，但当事人在程序之外的实际力量对比关系影响着当事人在接触案件事实信息方面的可能性与便利性，并进而影响到当事人的举证能力，是分配证明责任时必须要考虑的因素。

在证明责任问题上，程序正义要求按照机会平等原则在双方当事人之间分配证明责任。那么，按照机会的公平平等原则，控诉方应当负证明责任，这是因为一方面控诉方代表国家追究犯罪，其力量对比又是远远大于被告人；另一方面，控诉方持被告人有罪的积极事实主张，按照罗马法中的“为主张人有证明义务，为否定之人无之”原则，控诉方具有实现证明被告人有罪的现实可能性，应当承担证明责任。当然，证明责任的分配是一个复杂的理论体系，仅仅用“控诉方承担证明责任”远远不能概括刑事诉讼证明责任分配的全部内容，但其作为刑事诉讼证明责任分配的基本原则，刑事诉讼中的两方中弱小的被告人同控诉方，应当与裁判者保持同等距离，这是实现证明过程程序正义的一个基本前提。

（二）刑事证明责任分配的一般规则

根据无罪推定的原则，在理论上，“控诉方负证明责任”，即使被告人没有辩解，也不能因此判定被告人有罪，要看控诉方是否很好地完成了他的证明责任，是否达到了法律所要求的证明标准；但是，在司法实践中，一般出于利益上的动机，被告方都会提出辩解，因此，在刑事诉讼的证明中体现为一个动态的过程：控诉方的有罪指控——辩护方提出合理怀疑——控诉方排除合理怀疑。

1. 控诉方的有罪指控责任。有罪指控实际上是一种主张，这种诉讼主张首先就明确了控方的证明对象，既具体罪名的构成要件，所谓控方在这一环节的证明责任，就是围绕相应的构成要件提出相关的证据，但是，所产生的问题是：在这一环节中，控诉方要证明到什么程度？根据我国《刑事诉讼法》第172条规定：“人民检察院认为犯罪嫌疑人的犯罪事实已经查清，证据确实、充分，依法应当追究刑事责任的，应当作出起诉决定，按照审判管辖的规定，向人民法院提起公诉，并将案卷材料、证据移送人民法院。”根据我国《刑事诉讼法》第195条第1款的规定：“案件事实清楚，证据确实、充分，依据法律认定被告人有罪的，应当作出有罪判决。”

虽然我国刑事诉讼法对这两个标准都表述为“证据确实充分”，但是，也必须认识到其实他们是不同的。《刑事诉讼法》第 172 条规定的起诉标准，是一种诉讼认识标准，换言之，它只是检察机关所单方面认为的“案件事实清楚、证据确实充分”，这种标准不是经过法庭审理之后的最后的定罪标准。可以说，检察机关起诉的标准，虽然也表述为“案件事实清楚、证据确实充分”，但是，由于案件还没有经过审理，它可能低于最后的定罪标准。所以，在这一环节中，还不能用最后的定罪标准来衡量，控诉方是否完成了他的证明责任。

2. 辩护方提出合理怀疑。所谓合理怀疑是指被告在控方提出有罪指控后，基于利益性和必要性，行使辩护权提出无罪或者罪轻的主张所产生的“合理怀疑”。有的学者将这种现象称为“证明责任的转移”，认为在这种情况下，证明责任会从控方转移到辩方。本书认为，这种提法不准确，因为证明责任的含义包括三层（行为意义上的证明责任、说服责任、结果责任），如果是证明责任的转移的话，那意味着上述三层含义的证明责任都从控方转移到辩方。但事实上并非如此，理由是：从理论上讲，不能要求被告人证明自己无罪，当然，更不能要求被告人自证有罪。但是，在控诉方履行了有罪指控的责任后，使法官形成有罪的临时心证后。英国学者将控方完成证明法定责任到判决这个阶段，称为被告人的危险阶段，在这一诉讼阶段，控方暂时解除了证明责任，法官形成了临时心证，如果被告人不反驳的话，这种临时心证可能就会转化为最后的心证（内心确信），因此，被告方就产生了证明上的必要，但是这种证明上的必要，是否就是完全意义上的证明责任的转移呢？不是，因为，在这里，被告仅仅产生了提供证据的必要，但是没有必要通过提供证据说服裁判者，更没有因为不能完成说服责任，而承担不利的败诉后果。也就是说，说服责任和结果责任，始终在控诉一方。那么，被告人提供证据要达到一个什么程度就可以了呢？即形成争执即可，那么，怎么算形成争执？答：形成合理的怀疑即可。可见，对辩护方提出合理怀疑要把握两点：第一，他仅仅是提供证据的责任，即行为意义上的证明责任。第二，他的标准很低，形成合理怀疑即可。

对于合理怀疑责任的证明范围，这取决于在不同的案件中，被告方采取什么样的抗辩方式。在司法实践中，被告人的抗辩方式主要有以下两种：

第一，否定性辩护，也称为举证失败抗辩（failure of proof defenses），这种抗辩又分为三种不同的情况：其一，要件阻却事由抗辩。着重于罪行中的一个要件，且努力表明检察官不能证明那个要件。例如，被指控抢劫的被告人可能主张，他与被害人争斗并没有抢劫被害人的意图，但是，在争斗之后，他觉得自己受到了伤害并且自己的行为是正当的，于是他偷了对方的财物。这里的辩护是被告人没有抢劫罪，因为他的斗殴没有偷窃财物的意图。相反被告人只犯盗窃罪，罪行要轻得多。为了使法官能够相信这个故事的合理性，被告人必须拿出证据证明他和被害人之间存在长期关系，是相识者之间发生的打斗，希望借此对抢劫罪的主观要件提出合理怀疑。其二，攻击起诉方证人的可信性。例如，被告人会强调证人观察被告人时的条件、光线差、视力不好、压力和只有很短的观察时间等。其三，不在犯罪现场的辩护。要求辩护方努力证明被告人在犯罪发生时不在犯罪现场而在其他地方，被告方必须提供证人作证，证明在犯罪发生时被告人的具体所在。

第二，肯定性辩护，也称为确认抗辩（affirmative defenses)，这种抗辩分为两类：其一，正当化事由（justification)，例如，正当防卫、紧急避险等；其二，宽恕事由（excuse)，例如，未成年、精神病、被迫行为等。对于两者的区别：正当化辩护事由，表明行为在所有环境下都是被允许的。它不一定是道德上被赞同的行为，但却必须是法律许可的。宽恕事由要求承认行为的不正当性，但是认为在当时的条件下，被告不应当受到有关的刑事责难，行为是可谅解的和可宽恕的。

3. 检察官的疑点排除责任。疑点排除责任是指控方在履行了有罪指控责任启动诉讼后，为使指控罪状成立，排除一切合理疑点的存在的责任。若控方不能履行一点排除责任将导致败诉的不利后果。检察官疑点排除责任的范围包括：第一，要件事实。在刑事诉讼中，检察官不仅要对具备构成罪责的所有要素，而且还有对不具备阻却责任和阻却违法的所有要素加以证明，也就是说，所有这些事实均须由公诉人承担疑点排除责任。因此，如果一个刑事诉讼中涉及正当防卫，就必须对不具备正当防卫的条件予以积极的确认，这样才能对被告人作出有罪判决；如果法院对被告人的行为是否属于正当防卫存有怀疑，必须对被告人作出无罪判决。第二，争议事实。在具体的情况下，承担证明责任的当事人，没有必要对所有的重要主张都进行证明，无争议的主张没有必要加以证明，也就是说，对方的态度可以使该证明责任范围中的这一个或那一个事实上的主张没有证明的必要。

疑点排除责任的证明标准也因其证明对象的不同而不同，对定罪量刑没有影响或者影响不大的争议事实，只需优势证明即可；对要件事实以及对定罪量刑有影响的争议事实，必须证明到排除合理怀疑的程度。

（三）刑事推定

1. 推定的概念。所谓推定是指根据某一基础事实断定另一推定事实存在的法律规则。推定作为一种特殊的证明方式，是基于事实之间的关联性的类型化，这种类型化是以经验法则为基础，并要求具有高度的盖然性。所以，推定的基本结构是：基础事实——（经验法则）——推定事实。

在刑事诉讼法中，存在一些基本的普适性推定，例如，在证明基本犯罪构成要件成立后，推定不存在有阻却责任或者阻却违法等事由；一个人的精神状态推定为正常。除此之外，在刑事诉讼中还存在一些常见的推定，如英美法系国家的司法实践中，“持有最近被窃财物”，在这类案件中，如果被告人被发现持有最近被窃的财物，而他不能用证据证明它持有该财物的合法性或合理性，那么法官就可以推定被告人是盗窃该财物的人。

在刑法中，针对一些特殊犯罪类型，为控制这些特殊犯罪，世界很多国家均在刑法中明确使用推定，增加被告人提供证据责任的范围。例如，日本《刑法》中的诽谤罪，公然捏造事实、毁损他人名誉的，不问事实有无，处3年以下监禁，但是，经认定与公共利害攸关的事实，其目的又纯出于谋求公益，则应判断事实的真伪，如证明其为真实的，不予处罚。因此，在诽谤罪中，被告人对诽谤事实，承担证明其真实性的责任。日本《刑法》中第207条规定，二人以上实施暴力致使他人受到伤害，在不能辨认所加害的轻重和不能辨认何人所伤时，虽非共犯也应以共犯的规定处断。据此，二人以上在主观上没有联系的情况下，分别同时对同一被害人犯伤害罪时，如果控方不能证明伤害的结果是谁的行为造成的，只要被告人不能证明伤害结果不是自己的行为造成的，即按共同正犯论处。

但是，在这里请大家特别注意的是，无罪推定，不是推定。它仅仅是控诉方有责任证明被告有罪至排除合理怀疑程度这一规则的另外一种表述方式，无罪推定是在没有相反事实时，应该假定特定时刻的任何人的行为都是合法的。

2. 刑事推定的诉讼价值。

（1）刑事推定可以减少控方一些不必要的举证，使刑事诉讼中的证明责任分担尽可能合理。最为典型的就是，阻却违法、阻却责任事由不存在的推定以及精神健全的推定。前者是指证明其有相当于构成犯罪事实的存在，即可推定其违法性和有责性，不用再就阻却违法、阻却责任事由的不存在而举证。但是，他方当事人主张阻却违法或者阻却责任事由之存在时，仍应以证据证明之。

（2）刑事推定可以使犯罪构成中某些无法通过直接证据证明的要素得以确认，可以缓解某些证明上的困难。比较典型的情况是对故意、过失的证明。因为故意和过失都属于一个人的主观世界，人的内心世界是无法直接加以认知的，所以只能凭借其外在的行为来加以推测，在这一领域中，由于直接证明的困难，使用推定是不可避免的。

（3）刑事推定可以降低诉讼成本，促进诉讼经济目的的实现。依照日常的生活经验，某一事实存在时只要不存在例外，就会合乎逻辑的因其另一事实的发生，事物之间的这种密切的联系是立法者和司法者有理由相信，通过推定来认定案件事实几乎同运用证据一样可靠，而且省去了复杂的证明过程，使诉讼变得更为快捷。

（4）刑事推定适用于特殊犯罪的构成要件，是政策需要，即为打击某种行为的特殊需要，体现立法上对社会政策、价值取向的某种特殊考虑。

3. 我国目前法律关于刑事推定的规定。

（1）非法持有型犯罪。非法持有型犯罪是由于被告人占有某种法律禁止或者违法法律规定的物品而认定被告人犯罪的类型。持有行为本身是一种状态，由于持有行为的消极性，使得控方证明被告人的持有的非法性有时存在困难，持有型犯罪主要是通过推定物品来源的非法，从而减少控方的证明责任。推定的使用，就要求被告人对自己持有的合理合法性做出说明。例如，持有枪支。

（2）主观要件的推定。第一，牟利、营利目的。我国刑法中以牟利、营利为犯罪主观构成要件的条文共 15 条。例如，某人携带 1000 张内容相同的淫秽光碟入境，被海关扣押后，拒不承认有牟利目的，声称携带光碟入境纯粹是为了个人欣赏，此时，就可以利用推定来证明其牟利的目的。第二，推定“明知”。刑法分则中涉及“明知”的条文共 29 条。例如，刑法关于窝藏、转移、收购、销售赃物罪中要求行为人对犯罪对象必须是明知赃物。但是，在判断其是否明知犯罪对象是赃物的问题上，最高人民法院、最高人民检察院 1992 年《关于办理盗窃案件具体应用法律若干问题的解释》中规定：“认定窝赃、销赃罪中的‘明知’不能仅凭被告人的口供，应当根据案件的客观事实予以分析。只要证明被告人知道或者应当知道是犯罪所得的赃物而予以窝藏或者代为销售的，就可以认定。”为了进一步确定行为人是否应当知道，1998 年最高人民法院、最高人民检察院、公安部、国家工商行政管理局《关于依法查处盗窃、抢劫机动车案件的规定》指出，由下列情形之一的，可视为应当知道：在非法的机动车交易场所和销售单位购买的；机动车证件手续不全或者明显违反规定的；机动车发动机号或者车架号有更改痕迹，没有合法证明的；以明显低于市场价格购买机动车的。第三，推定非法占有。例如，在集资诈骗中，行为人有下列行为之一的，应当认定其行为属于“非法占有为目的”：携带集资款逃跑的；挥霍集资款，致使集资款无法返还的；使用集资款进行违法犯罪活动的，致使集资款无法返还的；具有其他集资行为，拒不返还集资款，或者只是致使集资款无法返还的。

4. 刑事推定与证明责任的倒置。在推定的运用中，控辩双方的证明责任发生了一定的变化。那么，这是一种什么样的变化呢？有的学者认为，刑事推定导致证明责任在控辩双方发生了证明责任的倒置，即本来由控方承担的证明责任，转换由辩护方承担。例如，非法持有犯罪中的持有的非法性的证明责任，由于推定的适用，转换到了辩护方一边，辩护方必须证明持有的合理合法，如果不能完成证明责任，就要遭到败诉的后果。

本书认为，这种观点是错误的。即刑事推定并不能导致证明责任的倒置，而仅仅导致控方证明责任的减轻。理由是：

第一，无罪推定原则是刑事诉讼法中特有的基本原则。这是一个不变的基本前提，意味着被告人既没有证明自己有罪的义务，也没有证明自己无罪的义务。如果证明责任发生倒置，意味着被告人应该证明自己无罪，并达到排除合理怀疑的程度。但是，如果是这样的话，就违背了刑事诉讼的无罪推定原则的要求。

第二，在适用刑事推定的案件中，证明责任分配的一般规则并没有发生改变，即被告人的证明责任并没有先于控方的证明责任发生。具体说来，控方仍然先要对前提事实承担证明责任，只不过由于推定的适用，他不用直接对犯罪构成要件事实承担证明责任，但这并不意味着他不承担证明责任，这种证明责任只不过转移到了更容易证明的前提事实上。所以，控方的证明责任得到了减轻，而不是倒置。

第三，在证明标准上，刑事推定并没有加重被告人的举证责任的程度，被告人仍然只需证明存在合理怀疑即可获得无罪判决。因此，在刑事诉讼中不存在证明责任的倒置，在上述案件中，刑事推定仅仅是改变了证明对象的范围。例如，非法持有罪，由于推定的适用，证明对象由对“持有非法”的证明，转化为“持有合法”的证明，而被告人也只需要对持有合法证明到合理怀疑的程度即可。

第四，结果意义上的证明责任（客观的证明责任）并不发生转移，始终固定在控方。具体说来，在事实不明的情况下，被告人并不承担实施真伪不明的不利诉讼后果。

在这里需要注意的问题是：在巨额财产来源不明罪中，是不是由于推定而发生了证明责任的倒置？回答是肯定的，发生证明责任的倒置。这就与本书前面的观点相矛盾了，前面的观点认为刑事推定仅仅会导致控方证明责任的减轻，而不会发生证明责任的倒置？但在此处，本书认为这个罪名属于特例，理由是：

首先要说明一个前提性认识，即巨额财产来源不明罪规定在我国刑法分则的第 8 章贪污贿赂犯罪中，本书认为它其实是这一章罪名中的一个兜底罪名，换言之，在国家工作人员是否存在贪污、受贿等行为无法认定但是却有巨额的财产无法说明其来源的情况，那么，就认定为巨额财产来源不明罪。所谓巨额财产来源不明罪，是指国家工作人员的财产或者支出明显超过合法收入，差额巨大，不能说明其合法来源的行为。这一条的基本逻辑是：巨大差额——（推定）——来源不明——被告人说明财产合法来源的义务。如果按照前面的逻辑，被告人仅仅需要对其财产来源的合法性提供证据证明到“合理怀疑”的程度就可以了。比如说被告人提出其财产是通过继承得来的，虽然被告人拿不出确凿的证据，但是只要达到合理怀疑的程度就可以了。换言之，这种逻辑认为此时被告人在行使辩护权，既然是行使辩护权，那么，这个标准也就满足了要求。

但是，如果被告人对财产来源的合法性只是证明到“合理怀疑”的程度，那同时也意味着这个财产仍然处于“不明状态”，被告人仍然要承担巨额财产来源不明的刑事责任，所以，该罪名的特殊性决定了被告人必须承担更高的证明标准，即提出确凿的证据证明其财产来源的合法性，也就是排除合理怀疑的标准。如果要达到这样的标准，那也就意味着证明责任在此时发生了倒置，由控方转移到了辩护方。所以判断证明责任是否发生了倒置，证明标准是一个标志，要看证明标准是否也发生了变化。

为了更清楚地说明这个问题，可以做个比较，非法持有罪，它的基本逻辑是：持有违禁物——（推定）——持有的非法性——持有人证明持有的合法。但是，在这里，持有人只要对持有的合法性证明到“合理怀疑”的程度就可以了，因为证明到这个承担意味着持有是非法的还是合法的处于“不明状态”。根据无罪推定原则，这种不明状态应该做有利于被告人的解释，被告人无罪。而巨额财产来源不明罪的特殊性，就在于将这种“不明状态”直接规定为犯罪的构成要件。

5. 在刑事诉讼中使用推定应该注意的问题。第一，鉴于有罪判定对相关公民权利的重大影响，在刑事诉讼中的推定通常应该有法律明确规定，并就适用条件做出具体的规定，以免因司法随意性过大而损害公民的合法权益。也就是说，刑事推定以法律推定为主，以事实推定为辅。第二，适用推定不仅必须确保基础事实的可靠性，而且基础事实与推定事实的联系必须具有高度的盖然性。第三，刑事诉讼中不利于被告人的推定一般都是可以反驳的。在这一点上不同于民事推定，在民事推定中存在不可反驳的推定。

二、民事证明责任

民事证明责任是民事法律及民事诉讼的核心问题，民事证明责任既涉及实体法规范，又涉及诉讼法规范；既涉及难度极高的理论领域，又涉及具体的实务领域，被学术界和实务界认为是“民事诉讼的脊梁”。从历史发展来看，民事证明责任及其分配理论主要有三大类型的基本学说：其一，待证事实分类说；其二，法规分类说；其三，法律要件分类说（规范说）。从当代社会来看，民事证明责任的分配呈现出“一强多元”的模式。所谓一强是指罗森贝克的规范说（基本规则）。所谓多元是指公平、诚信、举证难易、危险领域等学说。（例外规则）具体说来，在通常情况下适用基本规则，例外规则起到补充的作用。可以说，到目前为止还没以一个放之四海皆准的民事证明责任的分配规则。如何建立一个普遍性的证明责任法则，是学者们百余年来追求的目标。

（一）民事证明责任的概述

1. 民事证明责任的含义。民事证明责任，包括行为意义上的证明责任和结果意义上的证明责任。行为意义上的证明责任，是指当事人为了避免败诉的结果，而有证明特定事实的必要，所以也被称为“主观证明责任”；结果意义上的证明责任，是指当某一事实真伪不明时，通过假定该事实存在或者不存在来作出裁判，进而使一方当事人遭受的危险或者不利益，所以，也被称为“客观的证明责任”。例如，根据《合同法》第196条规定，给予借款合同而提起的请求返还借款的诉讼中，根据该实体法所预先设定的要件事实所导出的法律效果要求：

原告：（曾发生借款、约定到期返还借款）负证明责任；

被告：（到期清偿债务）负证明责任。

在当事人穷尽了所有的证明方式，同时法院也穷尽了所有的证据调查手段后，如果“曾发生借款”的事实处于真伪不明的状态，法官根据证明责任规范假定否定的结果，确认没有出现过一方当事人向另一方当事人交付款项的事实。如果“曾发生借款、约定到期返还借款”的事实在法官的内心形成确信而被证明后，如果被告就“到期清偿债务”的事实存在真伪不明的状态时，法官就会对被告作出不利的裁决。

2. 主张责任。

（1）辩论原则。各国的民事诉讼一般奉行辩论原则。辩论原则要求，第一，直接决定法律效果发生或者消灭的必要事实必须在当事人的辩论中出现，没有在当事人的辩论中出现的事实不能作为裁判的依据；第二，当事人一方提出的事实，对方当事人没有争议的，法院应当将其作为裁判的依据；第三，法院对案件证据的调查只限于当事人双方在辩论中提出来的证据。

根据辩论原则的基本要求，法院在作出判决时，应限于当事人在诉讼请求中主张的范围。没有经当事人主张的事项，法院不得判决。辩论原则的机理是法院在诉讼中应当受到当事人主张的约束。诉讼请求在内容上包括诉讼请求的量和质两个方面：在当事人诉讼请求的量上看，法院只能在诉讼请求的范围内进行判决，不得再超出请求的数量范围外作出判决。例如，原告只请求对方当事人给付借款 10 万元的，法院不得判令对方给付 20 万元；原告只请求对方返还本金的，法院不得判令对方返还本金加上利息；原告请求共同被告平均清偿债务的，法院不得判令其中一个被告连带清偿全部债务。在当事人诉讼请求的质上看，法院的判决同样受到当事人主张的限制，例如，在给付诉讼中，法院判决给付的标的物应该与当事人主张的标的物在质上是一致的，不得在当事人主张 A 时，判决给付 B。

可见，民事诉讼是受到当事人诉权的行使的限制的，和当事人是否提出具体的事实主张，提出什么样的事实主张，以及提出什么样的证据来支持自己的事实主张有着非常密切的关系。因此，主张责任的概念在民事诉讼中就显得非常重要。那么，什么是主张责任？它和证明责任的关系是什么？这是本书在这一部分要处理的问题。

（2）主张责任的含义。司法裁判的逻辑：大前提（法律规范）、小前提（案件事实）、结论。其中，小前提的形成是围绕着当事人的事实主张形成的。当事人提出某一具体的事实主张，是法律作出裁判的对象，也是确定法院审理范围的依据。也就是说，民事诉讼中的“争议事实”，是当事人不同的事实主张造成的：一方当事人提出某种实施主张，并且提出相应的本证；另一方当事人则提出抗辩实施主张，并且提出相应的反正，进而形成不同的事实主张与不同的证据的相互对抗的格局。

所谓主张责任是指当事人在诉讼上对某一主要事实或者要件事实虽有利益，但没有提出相应的主张或者没有提出适当的主张所产生的风险责任。主张责任也可以进一步划分为：第一，主观的主张责任。当事人在诉讼发生的初始阶段，为法院确定审理对象以及形成明确的争点，由提出具体实施主张的必要性。第二，客观的主张责任。在诉讼终结时，法院发现因为某种事实主张的欠缺或者以及将此所产生的不利益归其中一方当事人承受的风险负担。

（3）大陆法审判模式下的阐明权。当发现当事人对其主张的请求原因事实存在疏漏的情形时，法院倾向于行使“阐明权”（释明权）的方式使当事人及时加以补救，以便使诉讼的开展和裁判的作出在公平对抗的理念下贯彻辩论主义原则。因此，当法院明知当事人对其主张的请求权原因事实存在疏漏，而拒不执行阐明权就作出对其不利的裁判的，构成违法；只有法院已经就当事人的请求原因事实的疏漏作出阐明的前提下，如果当事人仍不加以补救，法院即可对其作出不利裁判。例如，在一起借款纠纷案件中，原告与被告之间发生数笔借款：

原告主张：曾向被告支付借款28万元；
被告抗辩主张：仅收到借款18万元。

在审理中，法院发现其中一笔借款上显示的3000元借款期限为届满——原告要求偿还的款项显然包含着该笔款项——但被告始终没有对这一情节提出抗辩——如果法院在未对此情节向被告阐明的情况下，就按原告的主张判决一并返还，有违公正原则。按照常理，法院在向被告人阐明后，被告人拒不补救的情况，发生的可能性很小。因此，在大陆法系国家的庭审中，更多的是"主观的主张责任"，即在诉讼的初始阶段逐步确立审理的对象及争点之时，应当让对方当事人提出何种事实主张的问题。

（4）在英美法系的审判模式下的主张责任。当事人的对抗性更加浓烈，从而使得当事人的主观主张责任在没有法院职权干预的条件下，为当事人的客观主张责任的发挥预留了相当的空间。例如，英美法系国家的民事诉讼有一个"审前程序"，即交换诉讼书状和文件证据（诉讼书状中体现了当事人设定的诉讼请求范围与对本方有利的证据）。交换后，允许对诉讼文书进行修改。但若诉讼终结时，导致修改的请求过于迟延，法院就要解决因某种事实主张的欠缺或者遗漏而将此产生的不利判归当事人中的一方。可见，客观的主张责任，在英美法系的审判模式下更为重要。一般说来，被告必须回答起诉状中的明确的主张，对起诉状中的主张不予答复的，将构成对起诉状中的主张事实承认的法律效果。

（5）我国民事诉讼中的主张责任问题。如上所述，主张责任这一概念的存在是和辩论原则在民事诉讼中的贯彻密切相关的。可以这样说，只有在民事诉讼中贯彻辩论原则，才有主张责任的问题；如果在民事诉讼中没有贯彻辩论原则，就谈不到主张责任的问题。所以，在这里必须首先要谈的问题是我国的辩论原则。《民事诉讼法》第12条规定："人民法院审理民事案件时，当事人有权进行辩论。"该条被认为是民事诉讼对辩论原则的规定，是辩论原则的法律依据。

但是，在各种民事诉讼法的教材中，对辩论原则的内容的理解是这样的：其一，辩论权是当事人的一项重要的诉讼权利；其二，当事人行使辩论权的范围包括案件的实体方面和程序上的争议问题；其三，辩论的形式包括口头和书面两种形式；其四，辩论原则所规定的辩论权贯穿于诉讼的全过程；其五，人民法院在诉讼过程中应当保障当事人充分行使辩论权。

可见，如果从这种意义上来理解辩论原则的话，和本书前述所说的辩论原则的基本含义就完全不同，这种理解仅仅是要求法院应当保障当事人辩论的权利，而没有使当事人的辩论结果形成对法院的约束，而真正的辩论原则是要求法院的裁判必须以当事人辩论中的诉讼主张和相关证据为依据，严格的受到当事人的诉讼主张范围的限制的一种制度，而并不是仅仅要求法院保护当事人辩论权的一种原则性的规定。所以，正是因为对辩论原则的这种曲解，导致我国的民事诉讼仍然带有明显的职权主义的色彩。在这种职权主义的诉讼模式下，很难有主张责任的概念的存在。可以说，正是因为在民事诉讼中贯彻辩论原则，在大陆法系国家才有上面所述的"阐明权"的问题；在英美法系国家才有以上所述的"证据交换"和"自认"的问题。

在大陆法系国家的民事诉讼理论中，阐明权具有相当重要的意义。没有阐明权，民事诉讼制度便不能按照立法者所一定的目的进行。大陆法系国家民事诉讼的主导原则是辩论原则，但是如果完全遵循辩论原则又恐怕不能完全达到诉讼制度的目的，阐明权就成为实现民事诉讼制度目的的修正器，于是，关于阐明权的性质、内容、范围等问题，就成为大陆法系民事诉讼理论中的一个重要问题。可以说，大陆法系国家对阐明权问题的厚爱源于民事诉讼当事人主义的诉讼模式，对阐明权的关注也反映了大陆法系国家对当事人主导和真实裁判之间的平衡关系。

应当注意的是，在这一问题上英美法系与大陆法系的态度有所不同，英美法系国家就不太注重阐明权的问题，这一差异反映了英美对抗式的当事人主义与大陆法系国家当事人主义的诉讼体制在理念上的一些差异。大陆法系国家的民事诉讼在法官发现真实方面欲望要强烈一些，英美法系相对要弱一些。

对于我国而言，由于对辩论原则的曲解，导致民事诉讼仍然是一种职权主义的理念。在这种诉讼模式下，法官的职责就是尽可能地弄清案件的事实真相，当事人没有主动阐明的案件事实，法院就有职权要求当事人完全、充分的阐述。所以在我们国家的民事诉讼中谈论阐明权的问题是完全没有必要的，法官对当事人的发问权是理所当然的，是自明之理。不过，随着我国民事审判方式改革的不断发展，民事诉讼体制正逐步受到调整，朝着当事人主义的诉讼体制方向转型，当事人主导的趋势也日益突出。在这种情况下，阐明权的问题自然会受到人们的关注。

（6）我国的自认制度。任何一种具体的制度性规范都不可避免地存在着因其自身对某种价值要求的偏向而导致其制度的不足或缺陷。辩论原则也是如此，它并不是十全十美的规范。辩论原则以当事人意思自治为出发点，并把尊重当事人的主体性放在重要的位置，这样势必会造成某些与诉讼制度目的的某些悖反，例如，或多或少影响对诉讼真实的追求，形成辩论原则的贯彻与追求真实的紧张关系。在这一点上，比较典型的是在实施辩论原则时，如何对待民事诉讼中当事人的自认问题。自认制度在当事人主义诉讼模式的国家中是一项不可缺少的制度。

自认的法律效果在于法院在作出判决时必须受到当事人自认事实的约束，法院在适用法律时，应当以当事人自认事实为基础。如果当事人自认的事实为乙，法院不能以甲作为判决的依据。法院没有以当事人自认的事实为判决基础时，该判决违反了辩论原则。自认制度的设计实际上排除了法院对自认事实的认定权。既然排除了法院对自认事实的认定权，也就必须容忍自认事实的非真实性，起码法院因受自认事实的约束，不能在动用职权，调查事实的真伪。自认的基本功能在于通过当事人对对方主张事实的承认，免除了当事人对主张事实的证明责任，简化了诉讼程序，从而有利于提高诉讼效率。

在我国，自认也已经通过各种司法解释制度化：《最高人民法院关于民事诉讼证据的若干规定》第 8 条第 1 款规定："诉讼过程中，一方当事人对另一方当事人陈述的案件事实明确表示承认的，另一方当事人无需举证。但涉及身份关系的案件除外。"第 2 款规定："对一方当事人陈述的事实，另一方当事人既未表示承认也未否认，经审判人员充分说明并询问后，其仍不明确表示肯定或者否定的，视为对该项事实的承认。"第 3 款规定："当事人委托代理人参加诉讼的，代理人的承认视为当事人的承认，但未经特别授权的代理人对事实的承认直接导致承认对方诉讼请求的除外；当事人在场但对其代理人的承认不作否认表示的，视为当事人的承认。”第4款规定：“当事人在法庭辩论终结前撤回承认并经对方当事人同意，或者有充分证据证明其承认行为是在受胁迫或者重大误解情况下作出且与事实不符的，不能免除对方当事人的举证责任。”

从以上规定来看，我国虽然没有在民事诉讼中贯彻严格的辩论原则，但是却规定了自认制度，问题是：法院对一方当事人对对方当事人主张事实的承认的这种认可，是否意味着法院受到该事实的约束？

其实不一定，从上述规定来看，仅仅表明了法院允许当事人对案件事实的承认，但是，并没有明确表示，法院要受到当事人承认的限制，换言之，如果法院认为有必要，也可以不认可当事人的承认，以自己职权调查的事实作为裁判的依据，以自己的判断来否定当事人自认的事实。所以，必须认识到这样一个问题，辩论原则下的自认制度的本质在于约束法院的职权，自认制度就是要排除法院对当事人自认事实的认定权，在裁判时只能以自认的事实为依据，而别无选择。而在我国职权主义的诉讼理念下，虽然也规定了自认制度，但是这种自认制度并没有明确排除法院事实真实性的调查权。所以，我国的自认制度是不能和其他国家的自认制度同日而语的。综上所述，主张责任的问题在我国的民事诉讼中其实并不存在，因为，在我国的民事诉讼中没有真正的贯彻辩论原则。

3. 主张责任与证明责任。第一，从逻辑顺序上看，主张责任在前，证明责任在后。换言之，如果一个当事人没有主张责任的话，当然也就没有证明责任的问题。第二，证明责任所针对的是“有争议的事实主张”，对于没有争议的事实主张，不产生证明责任问题。例如，在借款合同纠纷案件中：原告主张与被告曾经签订借款合同，并向被告支付了约定款项。被告承认双方签订了借款合同，但是，对曾按照合同约定实际受到这笔款项的事实予以否认。在确定该案件的审理范围时，对于“曾签订合同”这一事实，虽然原告主张了，但经被告的承认没有形成争执，原告对此不发生证明责任的问题。

第三，对应性关联。一是主观的主张责任与主观的证明责任存在关联性。法院的审理范围的形成，与当事人的主观主张责任以及主观的证明责任相关，适当的审理范围的确定，将有可能给具有利害关系的当事人带来利益。如果当事人未能提出具体的事实主张或者未能提出适当的事实主张，将无助于使诉讼活动朝着有利于自己的方向发展，从而使其面临承受不利裁判的风险。与此相同的是，为证明其事实主张，如果当事人无法提供相应的证据或者不能提供充分的证据，也将面临不利的风险。二是客观的主张责任与客观的证明责任的关联。在诉讼终结时，法院发现因某种事实主张欠缺或者遗漏，而将由此产生的不利益判归负担主张责任的一方当事人承受。这与法院在诉讼终结因为出现案件真伪不明的状态而将由此产生的不利益判归负担客观证明责任的当事人承受，二者之间存在相同的思考方式。

正是因为这种对应性的关联，有的学者认为：主张责任的分配与证明责任的分配是一致的。承担主张责任的，即为承担证明责任者，也即“谁主张，谁举证”。

（二）关于民事证明责任分配的各种学说

1. 古代关于证明责任分配的基本观念。证明责任分配规则最早可以追溯到罗马法时代，在这一时代确立了关于证明责任分配的两个基本规则：第一，原告有举证义务。它的具体含义，并非指被告完全不负证明责任，它是指如果原告不尽证明责任，应作出被告胜诉的裁判；如果原告尽其证明责任，被告就需要以反证推翻原告的举证，被告提出抗辩时，就该抗辩有举证的必要。第二，举证义务存在于主张之人，不存在于否认之人（肯定者应负举证责任，否定者不负举证责任）。

对此产生的疑问是关于这两个规则的关系？以哪一个规则为主？有的人认为前者为主，后者为辅，后者所谓的主张之人，其实指的是原告。有的人认为，后者为主，前者为辅，第一规则中所称原告负举证责任仅是后一规则所谓主张之人负举证责任的一种适用形态而已。换言之，不论是原告还是被告，提出肯定主张之人有证明义务，提出否定主张之人无证明义务。

2. 近代证明责任学说的主要流派。

（1）待证事实分类说。这种学说的特点是：只考察事实的性质内容，而不管其在实体法上产生何种效果。具体包括消极事实说和外界事实说。

第一，消极事实说。该学说认为主张积极事实的，就其事实应当负证明责任；主张消极事实的，则不负证明责任。其根据是：其一，消极事实在性质上难以证明，所谓消极事实乃是"未曾发生的事实"，对未曾发生的事实证明，客观上存在极大的障碍，所以，主张的事实为消极事实的，该当事人不承担证明责任。例如，当事人 A 与当事人 B 订立了货物买卖合同，根据合同约定，当事人 A 向 B 交付货物，同时要求 B 支付货款，但是，B 说已经支付了货款。在这起案件中，当事人 A 主张：B 没有按照约定支付货款——消极事实。当事人 B 主张已经支付了货款——积极事实。按照消极事实说，当事人 A 虽有主张，但不负证明责任。其二，积极的事实可以发生法律关系的变动，而消极事实本身不能导致法律关系的变动，一旦已经发生的法律关系如果不发生积极的新事实，那么法律关系不变更或者消灭，依然继续存在。因此，对主张积极事实的当事人，其实在同时主张法律关系发生变动，因此，他要负证明责任。

该学说的缺陷是：其一，积极事实与消极事实的界限不明确。当事人会利用表达方式上的技巧来达到逃避证明责任的目的，可以将其主张任意的由肯定变为否定，由积极变为消极。例如，如果主张善意，即积极事实。如果主张非明知，即消极事实。其二，对于消极事实的证明虽然通常难以用直接的证明方法进行证明，但有时可以采用间接的方法证明。例如，“不在场”——消极事实——当事人完全可以拿出证据证明其在同一时间在另一个场所。其三，消极事实说认为消极事实对结果的发生不产生动力，因此对消极事实举证证明没有意义，这种观念也并非正确。法律有时也规定一定事实的不存在为发生一定法律效果的原因，例如，负有“作为义务”的当事人，因不作为而造成对方当事人的权力损害，在这种情况下，不能因其是不作为就免除其证明责任。

当今逐渐形成一种主流意识：关于证明责任的分配原则，无论是待证事实分类说、法律要件分类说，在实务上都有其价值，但是，其中的任何一种学说都不能发挥概括全局的作用，在使用上必须取长补短、融会贯通才能妥当地解决证明责任问题。消极事实说的价值在于：在一定的范围和特定前提下，有主张积极事实或者积极效果的当事人承担证明责任有一定的合理性。例如，原告主张自己的所有物被被告不法占有，被告抗辩说并没有占有原告任何东西。在事理上，被告对未持有他人之物，很难提出证据予以证明。在这种情况下，由原告承担证明责任更加合理，因为他所主张的积极事实更容易得到证明。再例如，某女主张与某男的婚姻关系不存在，而某男主张与某女的婚姻关系存在。在这种情况下，有某男承担证明责任更加合理。因为消极事实为“无”，在理论上不能提出“无”的证据，所以主张“无”的不承担证明责任。

第二，外界事实说。该学说把待证事实分为：外界事实、内界事实。所谓外界事实是指可以凭借人的五官体察到的事实。如物体的外部特征、遗嘱的制定、婚姻关系的缔结与解除、人的出生或死亡等。所谓内界事实是指那些存在于人的内心状态的东西，而不能以人的五官体察到的事实。例如，故意、过失、善意、恶意等。它的分配规则是：如果当事人主张的事实为外界事实，他就应当承担证明责任；如果当事人主张的是内界事实，则对此不用承担证明责任。

但是，这一学说的问题是：在一些情况下，即便是内界的事实也有证明的必要，换言之，有的时候对内界事实的证明是不可避免的，而且是必需的，例如，《物权法》第106条规定，受让人受让不动产或动产时是善意的，受让人取得该动产或者不动产的所有权。可见，在诉讼上，如果当事人根据这一法律规定主张善意取得，就应该对“善意”承担证明责任，而不能借口这类事实属于内界事实，难以证明为由，来请求免除其证明责任。

（2）近代向现代转型时期的学说——特别要件说。特别要件说对权利发生的要件事实进行划分：特别要件事实，对该权利的发生特别重要或者具有个性化意义的事实；一般要件事实，普遍存在于一切权利发生条件下的一般要件事实，换言之，对一切权利的发生共通的要件事实。该学说认为：主张权利存在的一方当事人，在权利发生所要求的数项要件中，对特别要件事实负证明责任，对一般要件事实不负证明责任。例如，原告向法院起诉，主张原告与被告之间存在“林地租用合同关系”，要求被告交付合同的标的物。

原告：林地租用合同的订立（特别要件事实）——承担证

明责任。

民事行为能力、标的物和法（一般的要件事实）——不承担证明责任。

但是，如果被告认为林地租用合同关系发生的一般要件事实欠缺时，应该有其对此承担证明责任，例如，被告主张原告在订立合同时为无民事行为能力人。

被告：如果被告对林地租用合同的订立不存在异议，但是，主张该合同的订立是受到原告欺诈所致——其意思表示应予以撤销——并且已经合法撤销。

对此，被告其实在主张撤销权，他就应该对“欺诈”（特别要件事实）承担证明责任。对于被告在撤销其意思表示时，原告的精神状态是否正常、是否有受领能力（一般要件事实）不承担证明责任。但是，如果原告认为涉及合同关系撤销的一般要件事实欠缺，如主张被告在撤销其意思表示的时候，原告处于一种非正常的精神状态，对此，原告承担证明责任。

3. 现代——规范说（法律要件分类说）。在研究民事证明责任分配的学术观点，主要分为两大学派：一种观点认为，证明责任的分配只得就个别具体的事件由法官作适当的裁量，决定何人就何种事实承担证明责任，无法形成一个统一的分配原则。另一种观点认为，证明责任的分配可以采取抽象统一的分配方法。罗森贝克的规范说，显然持后一种看法，他认为，作为民法的法律规范自身已经具备了证明责任分配的规则，这是因为，立法者在起草民法的时候，已经将证明责任的分配问题在各法条中作了相应的考虑与安排，我们只需要对全部的民法法条进行分析，就会发现证明责任分配的一般原则。

（1）规范说的基本内容。第一，罗森贝克认为，证明责任分配应当遵循一个基本规则，即每一方当事人承担对其有利的法律规范的前提条件的证明责任。换言之，当事人应当就对其有利的规范要件承担证明责任。第二，该基本规则与实体法的内容和文义相联系，认为证明责任分配的问题已经在民事立法时被立法者所考虑和安排，证明责任的分配应从法律规范之间的关系中获得。第三，罗森贝克认为，民事法律规范相互之间要么形成相互补助的关系，要么形成相互对立的关系——证明责任的分配原则可以从法律规范的相互关系中获得——在实体法中所呈现的无数规范中，可以分为相互对立的两大类型：一是基本规范，即权利发生规范（请求权规范）；二是对立规范，即权利阻碍规范、权利消灭规范、权利制约规范。第四，对民法规范作了上述四种分类后，与此相关的证明责任的分配原则为：凡主张权利存在的当事人，应就权利发生法律要件存在的事实予以证明；凡否定权利存在的当事人，应就权利阻碍法律要件、权利消灭法律要件、权利制约法律要件的存在事实负证明责任。

（2）权利发生规范。凡能够发生一定权利的规范——权利发生规范，在民法中，权利发生规范占据了庞大的数量，从而构成了民法的核心部分，所以这种规范也被称为“基本规范”。权利发生规范的具体形态：

第一，单纯作为权利发生规范，例如，《合同法》第 65 条规定：“当事人约定由第三人向债权人履行债务的，第三人不履行债务或者履行债务不符合约定，债务人应当向债权人承担违约责任。”

第二，同一条款，既可以作为权利发生规范，也可以作为权利阻碍规范。例如，《合同法》第 88 条规定：“当事人一方经对方同意，可以将自己在合同中的权利和义务一并转让给第三人。”

根据这一条款，在个案中一方当事人会主张，他已经将合同中的权利义务一并转让给第三人；另一方当事人会采用其中的权利阻碍规范主张并未争得同意，所以转让无效。

再例如，《合同法》第93条规定："当事人可以约定一方解除合同的条件，解除合同的条件成就时，解除权人可以解除合同。"

根据这一条款，在个案中一方当事人会主张按照合同订立时约定的条件要求解除合同；另一方当事人可能会利用其中的权利阻碍规范主张双方约定的解除条件并没有成就。

第三，在同一条款中，既有权利发生规范，又含有权利制约规范。例如，《合同法》第192条规定："受赠人有下列情形之一的，赠与人可以撤销赠与：（一）严重侵害赠与人或者赠与人的近亲属；（二）对赠与人有扶养义务而不履行；（三）不履行赠与合同约定的义务。赠与人的撤销权，自知道或者应当知道撤销原因之日起一年内行使。"根据该条的规定，权利发生规范是撤销权，权利制约规范是撤销权的除斥期间

第四，同一条款中以"法条主文"为原则性规定，以"但书"为里外规定，由此决定了一方当事人从实际利益出发以法条主文的权利发生规范为根据而提出事实主张——相对一方当事人以但书为根据，而提出抗辩主张。例如，《合同法》第79条规定："债权人可以将合同的权利全部或者部分转让给第三人，但有下列情形之一的除外：（一）根据合同性质不得转让；（二）按照当事人约定不得转让；（三）依照法律规定不得转让。"

（3）权利阻碍规范。凡在权利发生时，因权利的效果受到妨碍而使该权利不能发生所涉及的规范。请注意：这种权利阻碍规范所涉及的要件事实，通常在时间上与权利发生规范所涉及的要件事实同时并存，从而使得权利阻碍规范自始成为阻碍

权利发生的事实。例如，《民法通则》第58条规定："下列民事行为无效：（一）无民事行为能力人实施的；（二）限制民事行为能力人依法不能独立实施的；（三）一方以欺诈、胁迫的手段或者乘人之危，使对方在违背真实意思的情况下所为的；（四）恶意串通，损害国家、集体或者第三者利益；（五）违反法律或者社会公共利益的；（六）以合法形式掩盖非法目的的。"

（4）权利消灭规范。在权利发生后，能够将已经存在的权利再为消灭的，凡规定这种内容的规范被称为权利消灭规范。例如，《合同法》第91条规定：有下列情形之一的，合同的权利义务终止：（一）债务已经按照约定履行；（二）合同解除；（三）债务相互抵消；（四）债务人依法将标的物提存；（五）债权人免除债务；（六）债权债务同归一人；（七）法律规定或者当事人约定终止的其他情形。

（5）权利制约规范。在权利发生后，权利人欲行使权力时，能够将权利的效果加以遏制或者排除，使得该权利不发挥效力的规范。例如，当事人居于权利制约规范在民法上所行使的是一种抗辩权：消灭实效的抗辩权；同时履行抗辩权。

4. 使用规范说进行的案例分析。

原告：主张被告B应承担违约责任，支付违约金20万元。原告依据的权利发生规范是《合同法》第107条规定："当事人一方不履行合同义务或者履行合同义务不符合约定，应当承担继续履行、采取补救措施或者赔偿损失等违约责任。"

被告的主张：分为几种情况。

第一种情况：被告主张合同无效，原因为被告一方在订立合同时患有精神疾病而缺乏相应的民事行为能力。被告依据的是权利阻碍规范，即《合同法》第9条规定："当事人订立合同，应当具有相应的民事权利能力和民事行为能力。"

在诉讼中根据规范说的要求：

原告：合同订立、被告按照合同约定违约（承担证明责任）；

被告：在订立合同时不具备民事行为能力的事实（承担证明责任）。

第二种情况：被告没有援用任何民法上的对立规范，仅就合同签名的真实性发生争执，也可以实现诉讼上的利益。在这种情况下，原告就应当对“合同的真实有效”承当主观的证明责任，如果原告不能提供证据有效的反驳被告的反证，那么，在诉讼终结时，一旦“合同是否真实有效”处于真伪不明的状态，原告要承担不利的后果，既客观的证明责任。

在这里，可以把这种情况和第一种情况做一个简单的比较：

如果被告不是直接对合同的真实性提出质疑，而是援用权利阻碍规范主张被告不具备民事行为能力，在此情形下，将会产生被告对合同的真实性不存在争执的诉讼效果，这在一定程度上缓解了原告本应该负担证明责任的压力。同时，被告要承担对“是否没有民事行为能力”这一事实的客观证明责任，换言之，在诉讼终结时，如果对被告是否具有民事行为能力处于真伪不明的状态，被告要承担不利的诉讼后果。

第三种情况：被告援用权利消灭规范，根据《合同法》第91条，主张合同已经如约履行，债权消灭。

在诉讼中，如果被告提出这样的抗辩，导致的诉讼效果是双方当事人对于合同关系的有效存在与不存在争执。双方的争执点为合同是否已经履行完毕。原告主张被告没有履行合同或者部分履行合同，其债权没有得到实现；被告主张合同已经全部如约履行，合同关系消灭。

按照规范说的理解，原告本应对合同的有效成立承担证明责任，但是因为对于这一问题并没有形成争执，所以，原告对此不用承担证明责任，但是，原告仍然需要对“违约的存在”承担证明责任，即原告需要提供证据证明违约的存在。相应地，被告主张没有违约问题的存在，债务人已经按照约定履行了债务，合同关系消灭，被告对此承担证明责任，即被告提供证据证明合同已经如约履行。现在的问题是如果在诉讼终结时，对于是否存在违约的问题真伪不明，由哪一方承担不利的后果？也就是说客观的证明责任应该由谁来承担？

按照规范说的理解，原告在此援用的是权利发生规范，也就是说他只对债权的有效存在承担客观的证明责任，而对于其他的问题他不承担客观的证明责任。但是，在本案当中，由于被告并没有对债权的有效存在发生争执，而是基于权利消灭规范提出抗辩，所以，对于是否存在违约的问题，应该由被告承担客观的证明责任。

规范说的基本逻辑是要看被告提出的抗辩主张是否以一种与权利发生规范相对立的规范为依据而提出，不管这种对立规范是权利消灭规范、权利制约规范还是权利阻碍规范。只要被告以这种规范为依据提出抗辩，被告就要对这种规范所涉及的要件事实承担证明责任，这种证明责任既包括主观证明责任，也包括客观的证明责任。相应地，原告仅仅对权利发生规范所涉及的要件事实承担主观以及客观上的证明责任。如果被告提出的抗辩没有以任何对立规范为依据，而仅仅是对权利发生规范的否定，被告仅仅承担主观上的证明责任。其实根据我国相关的司法解释，我国的合同法也明显采用了规范说，它的法律依据是最高人民法院《关于民事诉讼证据的若干规定》第 5 条第 1 款规定："在合同纠纷案件中，主张合同关系成立并生效的一方当事人对合同订立和生效的事实承担证明责任；主张合同关系变更、解除、终止、撤销的一方当事人对引起合同关系变动的事实承担证明责任。"请注意，这里的证明责任是完全意义上的证明责任，既包括主观证明责任，又包括客观的证明责任。

5. 规范说的缺陷。第一，规范说过于注重法条的结构形式，难以顾及双方当事人之间在个案当中所存在的实质上的公平正义。例如，保护社会弱势群体的需要，以及双方当事人接近证据的难易程度问题。另外，随着社会的发展出现了很多特殊的法律问题，如公害、医疗纠纷、交通事故、高度危险作业等，对于此类案件的证明责任分配如果想获得真正的公平，无法仅凭借规范说的法律形式来作出分配，必须考虑重新设计证明责任的分配标准。第二，权利发生规范与权利阻碍规范的无法区分。因为权利发生要件事实与权利阻碍要件事实在发生的时间上属于同一时间点，并没有先后之分。所以，成为权利发生要件的事实，其事实的不存在同时成为权利阻碍要件事实；成为权利阻碍要件的事实，其事实的不存在同时成为权利发生要件事实。

例如，法律规定：

满 21 岁的人，对其契约行为应负责任——权利发生规范；

未满 21 岁的人，对其契约行为不负责任——权利阻碍规范。

根据规范说的观点：主张契约请求权发生的当事人，应就满 20 岁的事实负证明责任；主张请求权不发生的当事人，应就未满 21 岁的事实承担证明责任。但是，两个条文仅属于表达方式的不同而已，二者规定的内容事实上属于同一事物，既然这样，就不能仅仅根据条文表达方式的不同来确定证明责任分配的标准：条文表达为前一种形式，为权利发生规范，由主张权利存在的一方当事人承担证明责任；如果条文表达为后者，为权利阻碍规范，有主张权利不存在的一方当事人来承担证明责任。

正是因为规范说存在一定的缺陷，在当代很多学者提出了不同的学说，对规范说予以修正，例如，公平原则、对等原则、诚实信用原则、举证难易程度原则、利益权衡原则、危险领域原则、盖然性原则等理论学说。甚至有的学者提出对民事证明责任的分配应当结合各种学说。例如，一个日本学者石田襄主张，首先，如果立法这意思明确，则依据立法意思，如果立法这意思不明确，就按照举证的难易程度。如果举证的难易程度无法区分，则按照当事人所主张的事实发生的盖然性的高低，一方当事人所提出的事实主张发生的盖然性与另一方当事人所主张的事实发生的盖然性相比，由事实主张发生盖然性低的一方承担证明责任。

6. 使用规范说对法条的解读。可以这样说，现在各国的民事证明责任分配的基本现状是承认规范说的统治地位，同时对于特殊的民事案件用其他的学术予以修正。结合这种现状，反观我国关于民事证明责任分配的规定，最高人民法院《关于民事诉讼证据的若干规定》第7条规定："法律没有具体规定，依本规定及其他司法解释无法确定举证责任承担时，人民法院可以根据公平原则和诚实信用原则，综合当事人举证能力等因素确定举证责任的承担。"

如果按照规范说对该条进行理解，民事案件的证明责任的分配可以划分为三个层次：

第一，制定法上的间接规定。有关法律或者司法解释，对通常遇到的证明责任分配问题，一般不会做出明确的规定，而只能作出抽象的规定，也就是规范说的法条分析，因为只有这样才可能在立法上涵盖大多数的民事案件的证明责任分配的问题。

第二，制定法上的直接规定。凡是不能被规范说所涵盖的案件，通常属于特殊类型的民事案件，对于这种特殊类型的民事案件有关法律或者司法解释会做出具体明确的规定。

第三，法官法。我们不能从对民法法条的分析获得证明责任的分配原则，或者，即使获得了相应的分配原则但明显不公平，同时，在制定法上也没有对这种情况作特殊的规定，法官就可以根据公平原则和诚实信用原则，综合当事人的举证能力等因素确定证明责任的分配。

可见，只有结合规范说来理解第 7 条，才可能使得立法涵盖大多数的民事案件的证明责任的分配问题。如果不结合规范说来理解第 7 条，那就意味着只有少部分的特殊类型的民事案件，法律才作了明确的规定，除了这些案件外，其他的全部的大多数的民事案件将都属于法官的自由裁量权的范畴，法官都可以根据公平原则和诚实信用原则来自主的决定，那么，立法也就无法限制法官在证明责任分配问题上的自由裁量权。

（三）证明责任的转移

1. 含义。所谓证明责任的转移，是指双方当事人因各自提出的事实主张所负担的具体主观证明责任，因受到法院临时心证的影响不得不向既面临举证必要的负担，由此而发生相互转移的一种特有的现象。

2. 证明责任转移的本质。主观的证明责任在双方当事人之间发生转移只是一种表象，实际上，双方当事人各自负担的主观证明责任的性质和内容是不同的，例如，原告：权利形成要件事实；被告：权利阻碍、消灭、制约要件事实。因此，双方当事人不可能从实质意义上发生证明责任的转移，对于此种情形，本书认为英美法系的用语更加准确“提出证据的负担暂时被卸除”。

3. 证明责任转移的原因。首先，因双方当事人各有不同的事实主张，使得各方当事人均有负担相应的主观证明责任的必要；客观证明责任始终由一方负担，不发生转移。其次，对于双方当事人而言，实际履行主观证明责任具有先后顺序之分，一般说来，由于诉讼的先天结构，原告在先，被告在后。再次，是否发生证明责任的转移取决于法院的临时心证状态。所谓临时心证，是指在诉讼过程中，法院根据一方当事人或双方当事人提出的证据对案件事实所暂时获得的某种内心确信状态。这种临时心证，可能对提出权利主张的一方当事人有利，也可能对提出抗辩主张的一方当事人有利，从而促使双方当事人不断交替履行主观证明责任来使法院获得对其有利的临时心证，以便为产生对其有利的终局心证奠定基础。

（四）证明责任的倒置（证明责任的转换）

1. 证明责任的倒置的概念。所谓证明责任的倒置，是以承认规范说为前提，根据法律规定、法官的判断或者当事人的约定对有关当事人在诉讼上提出权利主张所涉及的某一要件事实的证明责任进行特别的分配和设置。它包括以下特征：

第一，证明责任的倒置是以承认证明责任的一般规则（规范说）为前提的，如果不存在证明责任分配的一般规则，也就无所谓证明责任的倒置可言。

在英美法系国家，不承认规范说为证明责任分配的一般规则，即使按照规范说的观念出现某种证明责任倒置的现象，也不能理解为大陆法系规范说语境下的证明责任倒置。

第二，证明责任的倒置并非是整体意义上的转换，而是数项要件事实中某一项要件事实的转换。例如，在一般侵权诉讼的案件中，由被害人证明加害人有故意或过失，但是在海上射速案件中，则由船长就无过失承担证明责任。

第三，证明责任的倒置不同于证明责任的转移。证明责任的转移仅仅涉及到主观的证明责任；而证明责任的倒置，意味着“证明主题”在当事人之间发生转换。例如，在一般的侵权诉讼中，本来由原告就被告人有过错承担主观证明责任和客观证明责任；在特殊的侵权诉讼中，由于证明责任的倒置，证明的主体就转换为由被告就其无过错承担主观证明责任和客观证明责任。证明责任的倒置，导致就某一构成要件的证明：本证方变成反证方；反证方变成本证方。

2. 引起证明责任发生导致的原因。

第一，规范说自身的缺陷所致。按照规范说的观念，当事人要为对其有利的要件事实承担证明责任，但是权利发生要件事实与权利的阻碍要件事实在实质上难以区别，在司法实践中，不同的法官对某一个实体法条文的理解上，是将其作为权利发生规范来理解，还是作为权利阻碍规范来理解，可能会产生不同的证明责任分配结果。

第二，对个案实质上的公平正义的追求。规范说过于偏重法条规定的外在形式，不能顾及双方当事人的实质公平，无论是在侵权纠纷案件中还是在合同纠纷的案件中，从负担客观证明责任风险上看，提起诉讼的一方当事人或者在诉讼中主张权利的一方当事人显然处于不利的境地：

一方面，权利方在举证上的难度。在诉讼上，一般说来都由主张权利的原告先举证，这让他首先面临举证的困难问题，其中包括有关证据难以保存或固定，受交易习惯如口头约定或法律意识淡薄的限制这些因素，使得客观上确实存在的事实，无法通过提出证据而再现出来，以至于主张权利的一方当事人无法提供有效的证据进行证明。

另一方面，即使能够提出一些证据，因受到证明标准的限制或者对方提供反证证据进行抗辩效果的影响，会发生主张权利的一方当事人无法达到相应的证明标准或者最终处于真伪不明状态。这在一定程度上影响主张权利的一方当事人寻求法律作为救济途径的信心和勇气。

第三，因现代社会经济条件及相应的价值观念所致。随着科学技术的发展，当发生产品质量纠纷、医疗纠纷、高度危险作业纠纷、环境污染纠纷等涉及过高的科学性、技术性的问题时，如果让在专业知识、信息来源、经济实力等都处于完全不对称的受害人对“加害人对损害是否有预见性”、“对预见到的危险加害人负有何种回避义务”、“加害人是否已经尽了回避义务”负有证明责任，这显然是强人所难，从保护受害人的价值倾向出发，设置证明责任的倒置制度，从而减轻处于弱势地位的权利人的证明负担，并缓和使用规范说所造成的不公平的现象。

3. 证明责任倒置的类型。

（1）因实体法的特别规定所出现的证明责任的倒置。实体法对有关证明责任倒置的规定主要体现在“特殊侵权行为领域”，而且在特殊侵权行为领域主要集中在过错要件证明上。根据规范说，本应该由主张权利的一方当事人（原告，受害人）对过错要件或者因果关系要件承担证明责任，但是由于实体法上的特殊规定，由相对方（被告、加害方）就相反的事实承担证明责任。例如，《民法通则》第126条规定：“建筑物或者其他设施以及建筑物上的搁置物、悬挂物发生倒塌、脱落、坠落

造成他人损害的，它的所有人或者管理人应当承担民事责任，但能够证明自己没有过错的除外。”（过错推定）

（2）因诉讼法的规定所出现的证明责任的倒置。这种情况主要限于“证明妨碍”的情形，所谓证明妨碍，是指对某一个要件事实承担证明责任的当事人，因对方的故意或者过失行为而无法提供证据或者难以提供证据时，法院便采用推定的证明方式就该要件事实的认定作出有利于受到妨碍一方当事人的判定，如果对方当事人要推翻法院的推定所确定的要件事实，就必须提出反证，并对此反证承担证明责任。例如，最高人民法院《关于民事诉讼证据若干规定》第75条规定：“有证据证明一方当事人持有证据无正当理由拒不提供，如果对方当事人主张该证据的内容不利于证据持有人，可以推定该主张成立。”

（3）因法官的自由裁量所出现的证明责任倒置。德国最高法院就医疗损害、交通肇事、公害损害、商品瑕疵等案件的因果关系要件的证明责任问题作出了不同于规范说的判例。

判例一：在该案中，被告违反德国的《建筑业事故防止法》的规定，采用强度不足的支架搭盖一座架台，当许多工人将一件重物抬上该架台时，架台倒塌，致使多名工人坠落致伤。

双方争执点：采取强度不足的支柱显然违反《建筑业事故防止法》的规定，但是，这是否是该事故发生的原因，双方持不同的意见。

对此德国最高法院认为，根据以往的经验，违反事故防止法的违法行为，可以被推定为事故发生的原因，那么，被告就要对支柱强度不足并不是发生事故的原因，承担证明责任，如果其不能提供证据或者最终真伪不明，被告承担诉讼上的不利后果。

判例二：患者因医生在其腰椎骨打针而在2个星期后死亡。

经调查，患者的死亡原因，是因为细菌感染引起体内中毒。经法院的审理表明：虽然知道死亡的原因，但是无法断定死者被感染的细菌是否是由于以上打针所致。

但是，法庭经过调查得知，该注射针具使患者就诊的前夜，由医生将注射液装入针筒中，用棉花包好放在桌上，第二天将其向患者注射。法院据此判断医生存在医疗过失，并将其进一步转移为因果关系来看待，认为，可以推定该医疗过失是造成细菌感染的原因，因此，医生必须就自己无过失以及医疗过失与死亡不存在因果关系负担证明责任。

（4）因当事人之间的特别约定而出现的证明责任倒置。证明责任契约指双方当事人在订立合同时，或者发生争议前就某一事实约定由其中的一方当事人承担证明责任的合意。证明责任契约在当事人之间不受规范说的约束，因此，相对于根据证明责任规范说确定的证明责任的分配原则而言，它并不排除证明责任倒置现象的发生。

但是，这种证明责任契约的有效性存在争论，因为这种证明责任契约在一定程度上干预了国家的司法权力，所以有的学者否认这种契约的有效性，不过，也有的学者认为，由于民法实行自治原则以及处分原则，只要当事人的证据契约与法律的强制性规定不相冲突，同时符合诚实信用原则和公序良俗，还是可以承认证据契约的有效性。

4. 特殊侵权行为领域中的证明责任的倒置。在特殊侵权行为领域的证明责任倒置主要集中在过错要件和因果关系要件上。那么，是什么引发了在这两个要件证明上的证明责任倒置？

（1）过错推定引发的关于过错要件的证明责任倒置。我国侵权行为规则原则的包括过错责任原则（过错推定）、无过错责任原则、公平责任原则。问题在于既然我们国家的归责原则体系是多元化的，为什么只有过错推定引发关于过错要件的证明责任的倒置呢？

所谓过错责任原则，又称为过失责任原则，是指行为人主观上有过错为承担民事责任的充分必要条件，即行为人仅在有过错的情况下，才承担民事责任；没有过错，就不承担民事责任。这种归责原则的证明责任问题，比较简单，也完全符合规范说的要求，即由受害人证明加害人在实施侵权行为是主观上有过错，如果不能证明加害人主观上有过错，加害人就可以不承担民事责任。

所谓过错推定责任，是指行为人致人损害时，如果不能证明自己没有过错，就要推定其有过错并承担侵权责任。它的主要特点是：第一，推定过错责任仍然以行为人主观上有过错为其责任的构成要件，换言之，推定过错责任实质上仍然属于过错责任原则的范围，它只是一种适用过错责任原则的一种方法，那种认为推定过错责任与过错责任原则是两种并列的归责原则的观点，本书认为值得商榷。第二，推定过错责任采取“证明责任倒置”的原则，由于在推定过错责任中，损害事实的发生已经推定加害人有过错，那么受害人在主张权利时就没有义务举证证明加害人主观上有过错，而加害人要推翻这种法律上的推定，就应该举证证明自己主观上没有过错，否则，就应承担民事责任。

推定过错责任，只能适用于法律有特别规定的情形，在我国只有一条明确规定了过错推定责任，就是《民法通则》第126条“物件致人损害”的民事责任。《民法通则》第126条规定：“建筑物或者其他设施以及建筑物上的搁置物、悬挂物发生倒塌、脱落、坠落造成他人损害的，它的所有人或者管理人应当承担民事责任，但能够证明自己没有过错的除外。”（过错推定）

所谓无过错责任原则，又称为无过失责任原则，是指损害发生后，不以行为人的主观过错为责任要件，即不问行为人主观上是否有过错，只要行为人的行为和所管理的人或物对造成的损害后果之间有因果关系，它就应当承担民事责任。

但是，无过错责任不是绝对责任，行为人也有权依照法律规定的抗辩事由主张抗辩，只不过不能以自己没有过错主张抗辩。其特点是：

第一，无过错责任原则不以行为人主观上有过错为构成要件。加害人主观上既可能有过错也可能无过错，加害人主观上有无过错对其承担民事责任没有任何影响。

第二，受害人主张权利时，对加害人主观上有无过错不承担证明责任。加害人也不能以自己没有过错为由而主张抗辩。法院在处理有关纠纷时也无须根据具体案情对是否存在过错问题作出判定。

第三，加害人承担的责任也并非是绝对责任。加害人也有权依照法律规定的抗辩事由而主张抗辩。

第四，在无过错责任原则中，责任的确定主要从受害人一方的损害程度来考虑，并且对责任往往规定有最高赔偿限额或限制赔偿范围。法律作出这种规定的目的在于适当限制无过错责任承担者的责任程度，减轻他们的负担。

第五，无过错责任原则只适用于法律特别规定的场合，即只有在法律明文规定的情况下才适用。

根据我国《民法通则》及有关单行法规的规定，无过错责任原则的适用范围包括：危险责任、产品责任、环境污染致人损害的民事责任、饲养动物致人损害的民事责任、职务侵权的民事责任、地面施工致人损害的民事责任。例如，产品责任是一种无过错责任，被告一般不能以自己没有过错而主张免除责任，但根据《产品质量法》第41条第2款的规定，可以以下列法定抗辩事由让自己全部或者部分免除责任：①未将产品投入流通的；②产品投入流通时，引起损害的缺陷尚不存在的；③受害人的故意或者重大过失；④将产品投入流通时的科学水平尚不能发现缺陷的存在的。例如，高度危险作业致人损害的抗辩事由为我国《民法通则》第123条的规定，高度危险作业致人损害的抗辩事由只有一个：受害人的故意。例如，环境污染致人损害的民事责任的抗辩事由为《环境保护法》作了一般规定，一些特别法针对不同的环境污染又作了具体的特别规定，如《环境保护法》第41条第3款规定："完全由于不可抗拒的自然灾害，并经及时采取合理措施，仍然不能避免造成环境污染损害的，免予承担责任。"例如，地面施工致人损害的抗辩事由为《民法通则》第125条规定，地面施工致人损害的民事责任，是指在公共场所、道路旁或者通道上挖坑、修缮安装地下设施等，没有设置明显标志和采取安全措施造成他人损害时，是工人应当承担的民事责任。关于地面施工致人损害的免责事由，我国《民法通则》第125条没有作出规定，我国通说认为，应该是施工人已经设置明显标志和采取安全措施。不过有的学者认为，其并不属于免责条件的问题，而是构成要件中的问题。如果施工人已经设置了明显标志和采取了安全措施，它的行为则不符合"行为的不作为"方面的要件，也就是不存在侵害行为，不构成侵权，自然不承担民事责任，而无所谓免责的问题。本书也同意后一种观点，认为在这种情况下应该适用《民法通则》第107条规定的不可抗力条款，该条款属于一般的免责事由，在没有特别规定的情况下，自然可以适用于地面施工的损害侵权问题。例如，动物致人损害的抗辩事由为我国《民法通则》第127条规定，动物致人损害的抗辩事由有：第一，受害人的过错；第二，第三人的过错。

能否认为在无过错原则下，对于过错要件问题发生证明责任的倒置？

我国有的学者认为，这种情况也属于证明责任的倒置，一方面和过错推定一样，受害人不用就过错问题提供证据进行证明；另一方面，由加害人虽然不能就无过错主张抗辩，但是对法定的抗辩事由要承担证明责任。本书不同意这种看法，认为只有过错推定会引发关于过错要件的证明责任倒置的问题，而无过错责任原则的实质在于，加害人是否具有过错的问题，不成为侵权行为成立的构成要件，即是受害人不用对过错承担证明责任，也不会把这一问题移转给加害人，因为加害人也不能以自己没有过错进行抗辩。加害人以法定的抗辩事由进行抗辩，并对此承担证明责任完全符合规范说的要件，即加害人实际上在以某种对立规范为依据进行抗辩，按照规范说的要求，自然要对抗辩事由承担证明责任。

所谓公平责任原则，是指当事人双方对损害的发生都没有过错，法律又没有特别规定使用无过错责任原则时，由人民法院根据公平的观念，在考虑当事人双方的财产状况及其他情况的基础上，责令加害人对受害人的财产损失给予适当补偿，由当事人合理地分担损失的一种归责原则。其特点是：

第一，公平责任原则是以公平理念作为价值判断标准来确定责任的归属。

第二，公平责任原则适用于当事人都没有过错的情况。也就是，加害人和被害人对损害的发生都没有过错。如果一方有过错都不能使用公平责任原则。

第三，公平责任原则主要适用于侵害财产权的案件。由于公平原则的目的在于平衡当事人之间的财产状况和财产损失，并对不幸的损失在当事人之间进行合理的分配，因此，它主要适用于侵害财产的案件，而且限于直接财产的损害赔偿。

第四，公平原则只有在法律没有特别规定使用无过失责任原则的情况下才能使用。

公平责任原则与无过错责任原则的区别。公平责任原则与无过错责任原则都不是以惩罚过错，而是以补偿损失为归责的目的，但是两者有本质的区别，表现在：其一，公平原则是以公平观念作为价值判断标准来确定责任的归属，而无过失原则是以行为与损失之间的因果关系作为决定责任归属的根据。其二，公平责任原则只有在双方当事人都没有过错的情况下才能使用，双方当事人都应举证证明自己没有过错，人民法院在处理有关纠纷时也应对此予以认定，而无过错责任原则不论加害人是否主观上有过错，都不影响其承担民事责任，受害人对加害人主观上有无过错不承担证明责任，加害人除了法定抗辩事由外，也不能以自己没有过错为由主张抗辩，人民法院在处理有关纠纷时对此无需认定。其三，公平责任原则的使用并不限于法律规定的情况，而无过错责任原则的使用基于法律的特别规定。其四，公平责任原则中存在分担损失的问题，其赔偿范围和赔偿数额由法院酌情裁量，而无过错责任原则中不存在分担损失的问题，其赔偿范围由法律规定，且常常有最高赔偿限额的固定。其五，公平责任原则主要适用于侵害财产权的案件，而无过失责任原则没有此种限制。

在我国根据《民法通则》的规定，主要有两种情况是用公平责任原则：

一是《民法通则》第129条规定的紧急避险责任“如果危险是由自然原因引起的，紧急避险人不承担民事责任或者承担适当的民事责任”，这里所规定的紧急避险人的责任显然是公平责任。

二是《民法通则》第133条规定的监护人的民事责任：“无民事行为能力人、限制行为能力人造成他人损害的，由监护人承担民事责任。（无过错责任原则）监护人尽了监护责任的，可以适当减轻他的民事责任。（公平责任原则）有财产的无民事行为能力人、限制行为能力人造成他人损害的，从本人财产中支付赔偿费用，不足部分，由监护人适当赔偿，但单位担任监护人的除外。”在这里，被监护人致人损害，即使监护人尽了监护责任，仍然只可以适当减轻它的民事责任，显然属于公平责任原则。

从证明责任角度分析这一条的规定，公平责任原则适用的前提是，双方当事人都需要证明对损害的发生没有过错，但是，虽然加害人要证明自己没有过错，但是这并不意味着法律在此推定加害人（被告）有过错，为什么呢？因为，如果加害人不能证明自己没有过错，即如果监护人不能证明自己尽了监护责任，则进入无过错责任原则领域，即《民法通则》第133条的第一句话：“无民事行为能力人、限制行为能力人造成他人损害的，由监护人承担民事责任。”

我国《民法通则》为了保障监护制度的执行，鼓励监护人恪尽监护职责，对监护人承担无过错民事责任又作了限制：“有财产的无民事行为能力人、限制行为能力人造成他人损害的，从本人财产中支付赔偿费用，不足部分，由监护人适当赔偿，但单位担任监护人的除外。”这一规定，也同时意味着，如果无民事行为能力人、限制行为能力人没有财产的话，监护人就要承担完全的无过错民事责任。

（2）因果关系的推定而发生的证明责任的倒置。推定损害行为与结果之间存在因果关系，受害人无须证明其间的因果关系的存在，而加害人要对因果关系的不存在承担证明责任。科学技术的进步促使新的技术不断运用于工业设备和工业产品的创新，科学技术的进步在给社会带来巨大的便利的同时，也会给社会造成广泛损害的风险，并且，一旦产生损害，其损害的原因无法通过常规的手段加以判断和识别。如果对这些高技术含量的损害事故依然有受害人就因果关系承担证明责任，那么，无异于排除受害人请求救济的途径。为此，一些国家在设计环境污染致损、产品致损以及高度危险作业致损等诉讼上，采用了对因果关系这一要件事实实行推定的证明模式。

第一，盖然性因果关系理论——公害案件。当事人就因果关系这一要件事实进行证明的时候，只要能够达到盖然性证明程度即可。所谓盖然性的证明程度，是指就侵权行为与损害结果之间是否存在因果关系，只要达到那种“如果没有该行为，就不会发生该结果”的程度，既可认为存在因果关系。例如，在环境污染侵权中，只要受害人证明如下事实，法院就可以推定因果关系的存在：

A 工厂排放污染物质，到达受害人居住的区域，并发生作用。

B 该区域在没有该工厂的污染的情况下，没有发生过该种结果。

盖然性因果关系理论，体现在证明责任上，表现为：原告与被告分担证明责任，即由原告就侵权行为与损害结果之间存在某种程度上的因果关系的可能性承担证明责任，然后由被告提出反证，证明并不存在因果关系，如果不能提出反证或者反证不能成立，法院就判定存在因果关系。

第二，泛行业责任理论——产品责任。该理论认为当各个被告人属于生产某种致人损害产品的生产部门不可分割的一部分时，原告可以将涉及该产品的所有生产部门一并作为被告。其理由是构成该生产部门整体的各个生产者是按照这一生产部门制定的泛行业安全标准进行生产，在生产过程中因相互合作而密不可分。因此，该产品的每个生产者与损害结果之间都存在因果关系。只有当各被告人能够证明损害是由他们当中的某一个生产者所致时，则其他生产者才可以免责。

第三，市场份额责任论。例如，一些制药厂将一种名为DES的药品投放市场，该药品是用来预防孕妇早产和流产的。在该案中，原告的母亲在怀孕期间曾服用了这种药品，后生下患有腺癌的原告，直到后来，人们才发现，腺癌的发病原因与DES有关。原告以被告是在其出生前几年中生产该药品的八家生产厂商之一为由，要求被告承担赔偿责任。

法院为此创设了“市场份额责任理论”，根据法院的判决，如果某一被告人不能证明自己不可能生产了原告母亲所服用的DES，该被告就应当承担赔偿责任，它所承担的赔偿责任的份额，相当于被告在DES市场中的份额。而不需要对整个判决结果承担赔偿责任。

5. 支配领域说下的证明责任倒置。

（1）支配领域说产生的历史背景。规范说对证明责任分配的规则，使得主张权利的当事人所承担的证明责任中，难以保障其合法权益。尤其是在社会工业化革命之后，包括高度危险作业、环境污染、产品质量责任等新型案件的出现，对传统的证明责任分配规则提出了挑战。主要涉及法律要件事实中的“过错要件”和“因果关系”要件，由哪一方当事人承当证明责任更加符合公平和正义的原则。

自19世纪以来，德国的成文法日渐发达，成文法发达的结果是，在法制化的进程中产生一支优良的法官队伍，这些理论素养优良，审判经验丰富的法官又促进了判例法的兴起。危险领域说的思想最早就脱胎于具有较高素养的法院在使用实体法过程中，运用符合时代潮流的价值观念所形成的判例理由。

在这样的前提下，德国学者霍普斯，从理论上对德国帝国法院所形成的判例进行了系统的研究和整理，既而创造了危险领域说。

（2）支配领域说的基本含义。案件双方当事人都有各自在法律上和事实上能够支配的生活领域范围，当某一要件事实处于自己的支配领域当中时，支配该领域的当事人就对此要件承担证明责任。按照支配领域说的解释，可能会发生不同于规范说关于证明责任分配的常态设置，从而出现证明责任的倒置。但是，关于哪些领域是双方当事人各自的支配领域，这一学说一直都没有特别清楚的界定，这也是该学说的不足之处。当然，这种模糊性，也给法官根据案件具体情况运用智慧、才能、公平与正义的价值观念，预留了空间，所以说，判例法的生命往往来自于经验而不是逻辑。

（3）案例分析。作为运输公司的被告为原告运送铁皮，原告参与了运输过程。在返回的途中发生了车祸，导致原告身受重伤，在车祸中，被告的车辆与路旁的树木相撞。事故原因不清。被告称就在事故发生之前，另有一辆载重汽车超过了被告的车辆，车祸是超车的那辆载重汽车碰撞所致。

在这起案件中，法官运用了支配领域理论，认为尽管不能排除事故是超车的那位驾驶员所为，但是合同义务要求被告在共同行使的过程中应当保障原告的身体不受伤害。保障原告的人身安全是一种合同的附随义务，作为被告如果想免责，就必须提供证据证明自己没有过错，是否存在过错属于被告支配的领域。

（4）支配领域说对我国《民法通则》第123条的解读。《民法通则》第123条规定："从事高空、高压、易燃、易爆、剧毒、放射性、高速运输工具等对周围环境有高度危险的作业造成他人损害的，应当承担民事责任；如果能够证明损害是由受害人故意造成的，不承担民事责任。"

案例：

工厂A和工厂B生产同一种化学物品，其所使用的原材料会对周边一定范围内的环境造成某种放射性的污染。离工厂较近的一家养猪场，发生多起人畜身体损害事件，经医学鉴定认为，与附近工厂使用原材料中的放射性污染有关。该养猪场以距离其最近的工厂A为被告，要求工厂A承担损害赔偿责任。

按"规范说"解读：受害人要对权利的发生要件事实承担证明责任，根据《民法通则》第123条的规定，显然属于无过错责任原则，那么，受害人无须对加害人的过错承担证明责任，但受害人仍然需要对以下要件事实承担证明责任：明确的加害人、加害人所实施的加害行为、损害事实、加害行为与损害事实之间的因果关系。

对于受害人而言，其赔偿请求权在先，加害人的抗辩权在后，由他先举证。如果受害人不能就有关权利发生要件事实提供证据进行有效地证明，那么，加害人即使不就法定的抗辩事由提供证据，也将获得有利的裁判结果。然而，对于受害人而言，上述要件中"因果关系要件"对他来说非常困难，因为高度危险作业所引起损害的原因往往与使用一定的该科技含量的技术和设备有关，在许多情况下，损害的原因属于加害人所支配的空间领域，与受害人相比，加害人更有能力和条件提供证据证明因果关系的问题，因此，采用规范说，将导致受害人处于非常不利的诉讼地位。

对于加害人（被告）而言，加害人需要对第123条明确规定的法定免责事由承担证明责任，既损害的事实，是由受害人故意造成的。但是，这里产生两个问题：

第一个问题是：这个案件涉及“免责要件事实”和“因果关系事实”，按照逻辑顺序来看，因果关系事实在先，因为，如果加害人能够证明高度危险作业行为与损害结果之间没有因果关系的话，那么，其对免责事由的证明就没有必要了。例如，工厂A在诉讼中，提供证据证明该厂在投产前，投入巨额资金引进国外的先进技术，完全消除了所使用的原料中对周围环境所造成的放射性污染，为此，工厂A还提供了国际权威机构的检测报告，另外，工厂A多年饲养的一群白老鼠并没有任何不良反应，也可以作为例证。另有证据表明，工厂B只重视经济效益，并没有采取任何措施方式放射性的污染，经当地环保局的检测，曾被两次责令停产。可见，在工厂A有效地证明了其所从事的高度危险作业行为与养猪场发生的损害之间并不存在因果关系之后，如果再让工厂A就“受害人故意造成损害”的事实承当证明责任显然是不合理的。

第二个问题是：根据规范说，由加害人对“受害人故意造成损害”承担证明责任也有明显的困难，因为受害人主观上是否存在故意，应属于受害人支配的领域。当然，在这里法律上作了特殊的安排，加害人还是要对此承担证明责任。

按照“支配领域说”解读，上述案件中涉及两个难以证明的要件事实：因果关系和免责要件事实。支配领域说认为因果关系事实属于加害人的支配领域，在受害人对存在加害行为和损害后果之后，应该由加害人对“不存在因果关系”承担证明责任。那么，会发生两种情形：如果加害人能够有效地证明因果关系不存在，那就不用再对免责要件事实承担证明责任了；如果僵化地适用规范说，要求工厂A先就免责要件事实承担证明责任，因为免责要件事实属于受害人支配领域，最终将导致工厂A因无法有效证明而败诉，难免造成错案，因为工厂B很有可能是真正的加害人，如果最终是曾投巨资消除放射性污染的工厂A承担民事责任，反而使得工厂B逍遥法外。如果加害人不能对“不存在因果关系”提供有效的证明，那么，才按照法律的特殊安排，尤其对“免责要件事实”承担证明责任。

通过支配领域说来解读第123条，可以使双方都避免了证明上的困境，同时，也可以防止受到法律上不公平的对待。

（五）表见证明与证明责任

1. 含义。也被称为“经验推定”，是指法官利用一般生活经验对生活实践中反复出现的那些典型情形，推定其存在，用于替代提供证据的证明方式。表见证明实际上是法院采用类推的方法根据经验法则就某一待证事实所进行的情态复制，它是一种经验推定，而并非是事实推定。

2. 法规。最高人民法院《关于民事诉讼证据的若干规定》第9条第3项规定的“免证事实”：根据法律规定或者已知事实和日常生活经验法则，能推定出的另一事实。作为免证事实，当事人无需承担证明责任，由法官根据当事人的申请或者主动依职权予以认知：

法律规定——法律推定

已知事实——事实推定

经验法则——经验推定（表见证明）

例如，某出租车开上人行道，导致行人受伤的事件。在这种案件中，侵权的主体、行为、损害结果、因果关系，都比较容易查明，关键的要件事实是侵权人的主观上的过错。因为人的主观心理状态属于人的内心世界，不容易被证明。对于这一问题，在实务上，可以采用“表见证明”的方式破解，按照一般的生活经验，人行道是专供行人所设置的，出租车在人行道上行驶，如果没有特别预先告知的情况下，应该判定出租车司机对此有主观上的过错。当法院根据表见证明认定侵权人主观上的过错后，作为被告人有权利提出反证，以证明造成损害的原因并非处于自己的主观过错，而是出于紧急避险，例如，几个顽童在马路上玩耍，为了紧急避险而冲入人行道。

3. 表见证明的应用范围。表见证明主要涉及两个领域：一是侵权诉讼中对过错和因果关系要件事实的证明问题；二是在合同纠纷中，涉及采用行业惯例、交易习惯作为证明方式的问题。例如，原告是某影剧院经理，起诉某一观众，要求其支付所购入场券的价款；被告抗辩称，价款已经清偿。本案可以使用表见证明，从行业惯例看，一般看电影都是即时结清的，被告的主张可以通过表见证明的方式从经验法则获得，对于该案件原告方应承担证明责任。

三、行政诉讼的证明责任

（一）我国行政诉讼的证明责任规则传统认识

根据《行政诉讼法》和最高人民法院《关于行政诉讼若干问题的规定》，行政诉讼的证明责任遵守以下规则：第一，被告对作出具体行政行为负证明责任。第二，在诉讼过程中，被告及其诉讼代理人不得自行向原告和证人收集证据。第三，公民、法人或者其他组织向人民法院起诉时，应当提供复核起诉条件的相应的证据材料。在起诉被告人不作为的案件中，原告应当提供其在行政程序中曾经提出申请的证据材料。但是有下列情形的除外：其一，被告应当依职权主动履行法定职责的；其二，原告因被告受理申请的登记制度不完备等正当事由不能提供相关证据材料并能够作出合理说明的。对于原告的起诉，如果被告认为其超过法定期限，则由被告承担证明责任。

因此，我国理论界认为，在行政诉讼中，举证责任分配的一般规则是：被告对其作出的具体行政行为承担举证责任。这与刑事诉讼法和民事诉讼法的举证责任由原告承担的一般规则相比，是一种倒置，因而被称为举证责任倒置。根据最高人民法院《关于执行〈中华人民共和国行政诉讼法〉若干问题的解释》第 27 条规定："原告对下列事项承担举证责任：（一）证明起诉符合法定条件，但被告认为原告起诉超过起诉期限的除外；（二）在起诉被告不作为的案件中，证明其提出申请的事实；（三）在一并提起的行政赔偿诉讼中，证明因受被诉行为侵害而造成损失的事实；（四）其他应当由原告承担举证责任的事项。"

（二）对传统认识的反思

对于上述《解释》第 27 条第（一）项的规定："证明起诉符合法定条件"，对此，《行政诉讼法》第 41 条规定了法定的起诉条件：①原告是认为具体行政行为侵犯其合法权益的公民、法人或者其他组织；②有明确的被告；③有具体的诉讼请求和事实依据；④属于人民法院受案范围和受诉人民法院管辖。

对于原告而言，上述前三项还比较容易举证，关键是第④项"受案范围"的证明，根据《行政诉讼法》第 11 条的规定："人民法院受理公民、法人和其他组织对下列具体行政行为不服提起的诉讼：（一）对拘留、罚款、吊销许可证和执照、责令停产停业、没收财物等行政处罚不服的；（二）对限制人身自由或者对财产的查封、扣押、冻结等行政强制措施不服的；（三）认为行政机关侵犯法律规定的经营自主权的；（四）认为符合法定条件申请行政机关颁发许可证和执照，行政机关拒绝颁发或者不予答复的；（五）申请行政机关履行保护人身权、财产权的法定职责，行政机关拒绝履行或者不予答复的；（六）认为行政机关没有依法发给抚恤金的；（七）认为行政机关违法要求履行义务的；（八）认为行政机关侵犯其他人身权、财产权的。”

按照上述的法律规定，行政诉讼中的受诉对象是“具体行政行为的合法性”问题，但是对于是否成立“具体行政行为”，也就是是否属于人民法院的受案范围的问题由原告负责举证。只有原告成功地完成了他的证明责任，才能轮到被告就“合法性”问题承担证明责任，如果原告不能证明起诉对象是“具体行政行为”，意味着它的起诉不能满足“受案范围”的要求，被告也就不用承担“合法性”证明的问题了。

那么，如何证明被诉的行为是“具体行政行为”？根据具体行政行为的构成要件：第一，必须是行政机关做成的，具体行政行为是行政机关依据法律的行为，使人民产生权利义务，故它是适用法律的结果。如果离开适用的法律，很难判断行为是否为具体行政行为。第二，须是公法案件，是发生在行政机关与公民个人之间，存在一种公权力关系，而非私法上的平等关系。那么，究竟何种案件是私法案件，何种案件是公法案件，必须依赖对适用法律的分析和判断。第三，须是单方行为。行政机关一般情况下不必获得相对人的同意。第四，须是直接产生法律效果的行为。从而排除单纯的事实通知、行政机关的内部文件、行政机关对具体案件所作的法令解释、行政机关给予相对人信息及建议的行政指导，且对这些问题的判断都离不开所使用的法律。第五，须为个别案件。针对特定的相对人或者特定的事件。

总之，对于上述五个要件的证明是非常不容易的，而且都涉及到法律问题，如果让原告完成这种证明，无异于变相阻碍原告的起诉。也就是说，在某种意义上对诉讼对象的“具体行政行为”的证明与对“具体行政行为的合法性”的证明很难区分开来，两者实际上是密切联系的两个问题。因此，本书认为，行政诉讼中的证明责任应该是被告对具体行政行为的合法性承担证明责任，具体包括：第一，被告对被诉具体行政行为不属于受案范围程度证明责任，也就是说，由被告就受案范围的问题从反面承担证明责任；第二，被告对具体行政行为的合法性承担证明责任。

第五章

证明标准、证明责任与犯罪构成

我国刑法理论中的犯罪构成体系是承继了前苏联的犯罪构成体系,[1] 现在很多学者意识到了这种犯罪构成体系存在着问题，并对其进行了各种各样的改造，有的模仿大陆法系三要件的犯罪论体系，有的模仿英美法系的二要件的犯罪论体系。也有的学者认为当前的犯罪构成体系不必重构。[2] 如果只是不触动思维模式的改造，这种改造是无意义的，如果是触动思维模式的改造，这种改造其实就是一种重构。是否存在一种更好的改造路径？本书认为犯罪构成体系或犯罪论体系并非构成犯罪的各要件的简单相加，其内部包含了逻辑思维模式，它的本质是指导司法人员判断案件的思维程序。因此，对其改造的程度越大，对原来的思维模式颠覆的越剧烈，其改革的阻碍也就越大，因为思维是有惯性的，我国司法人员长期在司法实践中养成的思维习惯，很难在短时间内发生天翻地覆的改变。本书认为犯罪论体系必须改，但是如何改才能使现在的司法人员更容

---

〔1〕 中国人民大学刑法教研室编译:《苏维埃刑法论文选译》(第2辑)，中国人民大学出版社1956年版，第18页。

〔2〕 黎宏:“我国犯罪构成体系不必重构”，载《法学研究》2006年第1期。

易接受，并取得更大的改革效益，是我们必须思考的问题。我国刑法理论研究在一定程度上与刑事司法实践存在脱节，在理论领域学者们对犯罪构成体系进行各种各样的争论和研究，而司法实践领域对此则不闻不问，这既有理论研究不能紧密结合实践的问题，也有实践部门的思维惰性问题。鉴于此，如何找到一个实践与理论相结合的切入点，也是本书思考的重点。犯罪构成体系在刑事司法中的地位举足轻重，它直接塑造了法律人的思维方式，而我国在法治建设中最缺少的是规范认同，缺少规范认同的原因很多，提出的解决方法也很多，本文只是从犯罪构成体系一隅提出解决方案，在规范认同的形成中最重要的是对程序性规范的认同，犯罪构成产生之初也是带有程序性。鉴于此，本书提出一种实体与程序相结合的犯罪论体系，希望能因此而强化程序观念，养成程序思维，实现规范认同。

第一节　程序性犯罪构成体系的提出

一、传统犯罪构成逻辑存在的问题

我国刑法学传统理论认为，犯罪构成是判断一个行为是否构成犯罪的主客观要件的总和。我国的犯罪构成体系也是一种耦合型的四要件说。但是，“犯罪，并不像水在化学上由氢气和氧气组成一样，仅仅由几个要素组成。犯罪论体系，是作为整理法官的思考、统领法官的判断的工具而存在的”〔1〕。犯罪构成更是一种思考刑法问题的逻辑，在这一逻辑下会引发一系列意想不到的结论，同时，也应该在可能的范围内，将正确的逻

〔1〕［日］平野龙一：《刑法总论》，有斐阁1972年出版，第87页。

辑纳入到这一体系之下，这是强烈的逻辑思维模式的体系。在司法实践中，按照三段论的模式对案件的分析是从案件事实的确认开始的，事实的确认是正确使用法律的前提，案件事实的确认不仅是一个事实问题，更是一个法律问题，因为对案件事实的确认需要证据，证据的合法性的审查就成为确认案件事实的前提性问题。只有证据的合法性得到确认，最终确定的案件事实才是一种建立在合法性基础上的真实性。如果证据的合法性审查出现问题，案件事实的确定就是一种非法状态，在一种非法状态的事实上适用法律，无论如何都不可能在逻辑上得到一个合法的结论。保证证据的合法性需要强而有力的证据法的保障，也需要司法人员树立证据合法性的观念以及法律真实观。我国也有相关的证据规定，但是一直以来都不受司法人员的重视，其原因除了诉讼模式决定的外，也包括职业利益。全面改革诉讼模式目前来看恐怕一时难以实现，但为了使证据合法性的审查思维进入司法人员的视野，本书提出将有关证据问题纳入到犯罪论体系中来。

二、证据问题在犯罪构成逻辑下的地位

证据法上主要涉及到两方面的内容：一是事实的构建，主要取决于证据的合法性（证据资格）的审查。对证据的合法性的审查决定了证据采纳的范围，也直接决定了案件事实的范围和走向，当然也间接的决定了法律适用的最后效果。这是一个前提问题，在我国将犯罪构成仅仅理解为一种实体性的存在，而忽视了这个作为前提的重中之重。如果我国有非常完备的证据法，并能够在司法实践中很好的落实证据合法性的审查，这种犯罪构成逻辑的缺点尚不明显，但是，由于我国司法实践上对证据合法性审查的忽视，使得这一缺点变得非常的突出和明

显。因此，本书试图将这一问题直接纳入到犯罪构成体系之中，以希望使其在实体法得到加强，在司法上成为法官思考案件的必经逻辑。二是事实认定的程序问题，主要是证明责任和证明标准问题。其实证明责任与证明标准是作为实体上的犯罪构成的程序侧面而存在的，所以，犯罪构成在逻辑上包括两个方面：实体上的四要件、程序上的证明责任和证明标准。我国证据法上虽然对证明责任和证明标准有相关的规定，但是由于传统的犯罪构成逻辑的影响，明显存在对辩护方不公平的情况，为了改变这种情况，也为了强化证明责任和证明标准的实体法地位，本书建议将其纳入犯罪构成体系中来。

综上所述，本书希望建构一种集实体法要件与程序法要件为一体的犯罪构成体系，这将改变程序法一直以来在我国不受重视的局面。这将有利于在合法性审查的基础上确定案件事实，有利于在控辩双方平等对抗的基础上形成案件事实范围。

第二节　我国犯罪构成逻辑下的证据资格问题

一、作为前提的证据合法性问题

证据的合法性或者证据资格的审查是建构案件事实的一个前提，这个前提决定了最终适用法律的效果。所以，严格说来，司法判断不是从事实到法律，而是从法律（证据法）到事实再到法律（实体法）适用。很多国家在立法上多是通过证据法的规定来解决这一问题，我国没有专门的证据法典，关于证据的合法性问题的审查规定在刑事诉讼法中，是作为一种诉讼法的内容而存在的。这在一定程度上造成了思维上的误导，使我们理所当然地认为证据资格的审查问题是一个非实体法问题，从而忽视了它实体法的侧面。如果对于证据法发达完备的国家，这种问题其实不是很突出，因为证据资格的审查问题会很自然的被落实到司法实践中，对于我国则不然，长期的重实体轻程序以及实体与程序的二元化思维方式，导致证据资格审查得不到真正地贯彻落实，不能成为法官在审理案件认定事实的过程中的一种惯性的思维路径。为了解决这一问题，本书认为应该在四要件上增加一个前提性要件，即证据合法性要件，将其彻底纳入刑事实体法范畴，从而逐渐形成一个思维习惯。

二、非法证据排除规则

《刑事诉讼法》第 54 条第 1 款规定："采用刑讯逼供等非法方法收集的犯罪嫌疑人、被告人供述和采用暴力、威胁等非法方法收集的证人证言、被害人陈述，应当予以排除。收集物证、书证不符合法定程序，可能严重影响司法公正的，应当予以补正或者作出合理解释；不能补正或者作出合理解释的，对该证据应当予以排除。"第 54 条第 2 款规定："在侦查、审查起诉、审判时发现有应当排除的证据的，应当依法予以排除，不得作为起诉意见、起诉决定和判决的依据。"从上述规定看，我国的非法证据排除规则适用于侦查、起诉、审判全过程，这与犯罪构成的使用是同步进行的，在这一点上本来应该非常有利于在合法性的基础上建构案件事实，但深入分析事实并非如此。我们的刑事诉讼模式决定，在侦查与起诉阶段，不能形成控辩双方对证据合法性问题的质证，是否适用非法证据排除规则完全取决于公安机关和检察机关的职权。这就使得非法证据排除规则在这一阶段大打折扣，我国的公安人员和检察人员由于职业利益以及传统犯罪构成所形成的思维方式，很容易忽视非法证据排除规则的适用，本书提出，解决这一问题有两个方法：一是将证据资格审查问题纳入犯罪构成体系中，逐渐形成证据审查思维；二是改变我国刑事诉讼的结构模式，在侦查和起诉阶段贯穿对证据合法性的质证。但第二种解决办法目前来讲，还存在很多阻碍和困难。所以，第一种办法就成为一个当前的权宜之计。

第三节 我国犯罪构成逻辑下的证明责任问题

一、传统犯罪构成与证明责任的关系

我国四要件的犯罪构成体系与大陆法系的犯罪构成体系有一最大不同，就是我国犯罪构成体系的要件都是入罪要件，没有包含出罪要件，所谓的“排除犯罪性事由”存在于犯罪构成体系之外。这不仅造成了逻辑上的困扰，使得我国的犯罪构成不能成为判断行为是否构成犯罪的唯一标准，而且也会在证明责任的问题上造成严重的误导。

我国刑法的传统理论认为，犯罪构成的四要件的证明责任归控诉方，而作为排除犯罪性事由的正当防卫和紧急避险等的证明责任理应归辩护方。例如，有的学者认为，在司法实践中导致证明责任转移的辩护主张包括四类：第一，关于被告人责任能力的事实主张；第二，关于被告人行为合法性或正当性的事实主张；第三，关于侦查人员行为违法性的事实主张；第四，关于被告人根本不可能实施指控的犯罪行为的事实主张。[1]

二、对上述问题的反思

本书认为这是犯罪构成体系将出罪要素排除在外所造成的

---

〔1〕 何家弘，刘品新：《证据法学》，法律出版社2004年版，第305页。

思维误区，这严重违反了无罪推定原则，无罪推定原则必须通过一系列的派生规则才能得到贯彻和实施，其中，证明责任的分配规则是一种主要的派生规则。在无罪推定原则的逻辑下，排除犯罪性事由（大陆法系称为阻却违法性事由）必须由公诉方承担证明责任，否则宪法中的辩护就不是一种权利，而是一种义务了。同时，由于我国刑事诉讼模式决定，辩护方介入诉讼的时间非常晚，使得他们在很多事实问题上不可能提出建设性的辩护意见，让他们承担排除犯罪性事由是非常不公平的，使其处于非常不利的诉讼地位。为了解决这一问题有两种办法：一是允许辩方提前介入诉讼程序，收集相反事实；二是将排除犯罪性事由纳入到犯罪构成体系中，使其成为控诉方的证明责任范围。第一种办法在我国实现起来还存在非常大的阻碍，所以，本文建议可以先采用第二种方法，将犯罪构成分为入罪要件和出罪要件，无论入罪要件还是出罪要件都是犯罪构成中不可或缺的一部分，其证明责任归控诉方承担。

第四节　我国犯罪构成逻辑下的证明标准问题

证明标准问题和证明责任问题其实是一体两面，承担证明责任的一方必然承担一定程度的证明标准，可以说，证明责任其实是达到一定标准的责任，证明标准其实是对证明责任程度上的要求。我国传统刑法理论认为，刑事诉讼的证明标准是“案件事实清楚，证据确实充分”，这一标准不仅模糊而且有违反法律真实观之嫌。在理论上，很多学者也开始引入英美刑法中的“超出合理怀疑”的证明标志，但是由于存在诉讼模式上的差异，这种对抗式诉讼模式下的证明标准，在我国很难被接受。所以，本书建议是否将“证明标准”作为犯罪构成的一个证据性要件而独立存在，这样，既能明确证明标准在刑法上的地位，也能进一步明确承担证明责任一方的证明程度问题。在我国犯罪构成体系中无法找到证明标准的身影，所以希望将证明标准的问题引入到犯罪构成的逻辑体系之下。

综上所述，本书的犯罪论体系如下：

第一要件：证据的合法性要件；

第二要件：入罪要件（原来的四要件）；

第三要件：出罪要件，包括违法阻止事由和责任阻却事由；

第四要件：证明标准要件，对上述要件的证明必须达到法定的标准，并由控诉方承担。

第四部分｜证据规则

第一章

证据规则的概述

第一节　证据规则的概念和功能

一、证据规则的概念

在英文中，证据规则是 rules of evidence ，在英美法系国家，证据规则是在长期的司法实践中逐步积累起来的，许多证据规则表现为习惯、案例或者司法解释，证据规则是普通法的组成部分。但是，自从英美法系国家推行法典化运动以来，证据规则也逐渐法典化，美国《联邦证据规则》是这方面的代表。

我国台湾地区学者陈朴生在认为：“何种资料，可为证据，如何收集及如何利用，此与认定之事实是否真实，及适用法律是否正确，极其重要。为了使证据认定的事实真实，适用之法律正确，不能无一定之法则，称此法则，为证据法则。”

我国有的学者认为，证据规则是指确认证据的范围、调整和约束证明行为的法律规范的总称。证据规则首先是确认证据范围的法律规范。所谓证据的范围，是指什么样的事实材料是证据，什么样的事实材料不是证据或者不能作为证据使用，以及有关证据的划分标准是什么。由于证据是证据规则调整的客体，明确什么是证据就成为证据规则的首要问题。证据规则还包括调整证明行为的法律规范。所谓证明行为，是指形成、发现、展示、质辩、采纳或者排除证据以证明特定案件事实的专门活动，也就是制作证据、收集证据、审查判断证据、履行举证责任等证明行为。

本书认为证据规则是关于证据的认定和证明行为的调整的全部规范，但是，各种的证据规则内容并不相同，这既取决于证据法的理论发展水平、证据立法，也与长期司法实践的积累有很大的关系。

二、证据规则的功能

（一）查明案件事实真相的功能

大多数证据规则是为了查明案件事实真相而设计的。例如，相关性规则是查明案件事实的基本规则；传闻证据规则之所以要排除传闻证据的作用，就是因为传闻证据是一种间接认识，可靠性较差，不利于案件真实的实现；最佳证据规则要求出示书证、物证的原件，而不是复制件，也是基于可靠性原理；交叉询问规则要求通过控辩双方的对抗，以发现案件的真实情况；补强证据规则也具有查明案件事实的特征，即由于口供或者证人证言的可变性，该规则要求不能仅凭言词证据定案，必须辅之以其他证据。其实，在美国证据法理论中，证据规则的设立理由之一就是其有利于准确地发现案件真实，并能强制法庭和有关当事人谨慎地认定证据。

（二）保护其他社会价值的功能

美国法学家沙尔斯堡说，美国人很珍视特权，因为我们除了审判外，还有生活中的其他价值。我们不是为了作证而是为了生活而来到美国的。我们保护有特权的社会关系，是因为它们对于社会生活至关重要。夫妻之间的免证特权是此类规则的一个典型例证，其设定的目的就是为了保护婚姻的稳定、维护婚姻秘密和防止出现公众不愿看到的配偶在法庭上互相指责的可悲场面。又如为了保护被告人的权利，法律赋予被告人一系列的权利以与国家对抗，设立了无罪推定原则、疑罪从无原则，它要求证明责任由控方承担，出现疑罪时，做有利于被告人的解释。因此，在法律上被告人不得不强迫自证其罪、特定的人享有免证特权等证据规则。

（三）兼具发现真实与保护人权的功能

一个有趣的例子是沉默权规则，亦即自白规则。表面上看它是保护被告人的诉讼权利的，是不利于发现案件事实的。但美国专家作出以下解释：沉默权不会降低被告人的陈述率，世界上90%的被告人都在陈述，并且美国警察也喜欢沉默权。因为被告人在有沉默权的情况下仍然愿意陈述，表明其陈述是自愿的，法官将会无异议地采纳该证据，从而有利于指控犯罪的成功。因为，从总体上说，自愿作出的陈述要比被强迫作出的陈述更具有可靠性，更有利于发现案件真实。

（四）追求诉讼效率的功能

制定证据规则的另一重要目的就是注重效率，即控制审判的范围和时间，因为诉讼案件必须以合理的迅速方式解决。为实现这个目的，美国《联邦证据规则》授权法官有关规范和组织法庭上纠纷审理的进行，如该规则第403条，允许法官排除那些本来具有可采性的证据，只是因为该证据的采用会花费过多的时间或可能误导陪审团。该规则第611条，授权法官有权控制证明的次序和询问证人的方式。同时，证据规则中的推定和司法认知也都具有有利于迅速结案的特性。

三、证据规则的类型

（一）完全立法型证据规则、相对立法型证据规则和非法定型证据规则

完全立法型证据规则是指所有证据规则均在法律上明确规定的一种证据规则类型，这种证据规则主要存在于法定证据制度下；相对法定型证据规则是指证据规则主要由法律规定，但是不排除判例确定的证据规则类型；非法定型证据法则是指在立法上没有规定证据规则法官对证据的审查判断主要取决于法官的认识水平和经验等，它主要存在于完全自由心证的法国。

（二）成文法证据规则、判例法证据规则和习惯法证据规则

成文法证据规则是指以制定法为表现形式的证据规则；判例法证据规则是指在司法判例中发生和发展起来的证据规则；习惯法证据规则是指在长期的司法实践中由习惯逐渐发展起来的证据规则。

（三）通用的证据规则和特殊证据规则

通用的证据规则是指刑事、民事和行政诉讼均适用的证据规则，如非法证据排除规则、最佳证据规则、品格证据规则、传闻证据规则等；特殊的证据规则是指仅适用于某一诉讼的证据规则，如刑事诉讼中的补强证据规则、被告人禁止强迫自证其罪规则等，民事诉讼中的自认规则、优势证据规则等。

（四）规范证据能力的证据规则、规范证明力的证据规则和规范证明行为的规则

证据能力规则是指规范具备何种情形可以作为证据的规则，如相关性规则、传闻证据规则、意见证据规则等；证明力规则是指规范证据是否具有证明力以及证明力大小的规则，例如口供补强规则等；规范证明行为的规则是指针对获得或者提出证

据的过程或者针对运用证据的结果，可分为取证规则、举证规则、质证规则和认证规则。

第二节 我国证据规则的现状和证据规则体系的建构

一、我国证据规则制度的现状

我国既不同于英美法系的证据制度，也不同于大陆法系的自由心证的证据制度。其不同于英美法系的证据制度之处在于，我国没有规定详细的证据规则，对证据能力问题几乎没有限制；不同于大陆法系的自由心证制度在于，法律并没有明确授权证据的判断者自由判断证据的证明力的权力。虽然我国的证据制度理论与自由心证制度不同，但同属于自由证明的范畴，即对证据的证明力的判断由判断者自由进行。

（一）关于证据能力的规则

1. 最佳证据规则。《最高人民法院关于民事诉讼证据的若干规定》第10条："当事人向人民法院提供证据，应当提供原件或者原物。如需自己保存证据原件、原物或者提供原件、原物确有困难的，可以提供经人民法院核对无异的复制件或者复制品。"

2. 非法证据排除规则。《刑事诉讼法》第54条第2款："采用刑讯逼供等非法方法收集的犯罪嫌疑人、被告人供述和采用暴力、威胁等非法方法收集的证人证言、被害人陈述，应当予以排除。收集物证、书证不符合法定程序，可能严重影响司法公正的，应当予以补正或者作出合理解释；不能补正或者作出合理解释的，对该证据应当予以排除。"

1995年最高人民法院作出在民事诉讼中排除非法证据的规定。最高人民法院《关于未经对方当事人同意，私自录制其谈话取得的资料不能作为证据使用的批复》规定："未经对方当事人同意私自录制其谈话，系不合法行为，以这种手段取得的录音资料，不能作为证据使用。"但是，2001 年《最高人民法院关于民事诉讼证据的若干规定》第 68 条将其修改为："以侵害他人合法权益或者违反法律禁止性规定的方法取得的证据，不能作为认定案件事实的依据。"也就是说，只要没有侵犯他人合法权益或者违反法律禁止性规定的方法取得的证据，不再视为非法证据。

根据先取证后处理的行政法原则，行政诉讼法对被告取证的时间作了限制性规定。因而，合法性在行政诉讼中主要表现为收集证据的时间必须合法。《行政诉讼法》第 33 条规定："在诉讼过程中，被告不得自行向原告和证人收集证据。"

《最高人民法院关于行政诉讼证据若干问题的规定》第 57 条规定："下列证据材料不能作为定案依据：（一）严重违反法定程序收集的证据材料；（二）以偷拍、偷录、窃听等手段获取侵害他人合法权益的证据材料；（三）以利诱、欺诈、胁迫、暴力等不正当手段获取的证据材料；（四）当事人无正当理由超出举证期限提供的证据材料；（五）在中华人民共和国领域以外或者在中华人民共和国香港特别行政区、澳门特别行政区和台湾地区形成的未办理法定证明手续的证据材料；（六）当事人无正当理由拒不提供原件、原物，又无其他证据印证，且对方当事人不予认可的证据的复制件或者复制品；（七）被当事人或者他人进行技术处理而无法辨明真伪的证据材料；（八）不能正确表达意志的证人提供的证言；（九）不具备合法性和真实性的其他证据材料。"

（二）关于证明力的规则

1. 补强证据规则。《刑事诉讼法》第 53 条规定："对一切案件的判处都要重证据，重调查研究，不轻信口供。只有被告人供述，没有其他证据的，不能认定被告人有罪和处以刑罚；没有被告人供述，证据确实、充分的，可以认定被告人有罪和处以刑罚……”

2. 非原始证据证明力受限制原则。最高人民法院《关于执行〈中华人民共和国刑事诉讼法〉若干问题的解释》第70条规定：“据以定案的物证应当是原物。原物不便搬动，不易保存，依法应当由有关部门保管、处理，或者依法应当返还的，可以拍摄、制作足以反映原物外形和特征的照片、录像、复制品……”第71条规定：“据以定案的书证应当是原件。取得原件确有困难的，可以使用副本、复制件……”

3. 证据的证明力确定规则。《最高人民法院关于民事诉讼证据的若干规定》第77条规定：“人民法院就数个证据对同一事实的证明力，可以依照下列原则认定：（一）国家机关、社会团体依职权制作的公文书证的证明力一般大于其他书证；（二）物证、档案、鉴定结论、勘验笔录或者经过公证、登记的书证，其证明力一般大于其他书证、视听资料和证人证言；（三）原始证据的证明力一般大于传来证据；（四）直接证据的证明力一般大于间接证据；（五）证人提供的对与其亲属或者其他密切关系的当事人有利的证言，其证明力一般小于其他证人证言。”

二、我国证据规则体系的建构

我国至今为止没有一部专门的证据法典，有关的证据制度都散见于三大诉讼法和相关的司法解释之中，因此，以何种逻辑和结构来建立我国的证据规则体系就是当务之急。

（一）以规范证据能力为主、证明力为辅来构建证据规则体系

英美法系国家的证据规则绝大多数是用来规范证据能力的；

对于证明力的问题，除特殊情况外，均由法官自由心证。对于规范证据能力的规则，通常按照“一般规则、排除规则加例外规则”的模式加以规定。现代证据规则以证据的可采性为中心，证据的可采性含义蕴含着证据的另一侧含义，即不可采，排除规则的存在。我国的证据排除规则数量少而且缺乏系统性。

（二）规范证据能力的证据规则与规范证明行为的证据规则同时构建

前者是从证据能力的角度，以静态的方式规范证据；后者是从证据在诉讼中运用的角度，以动态的方式规范证据。前者是决定一种材料可否作为证据的问题即可采性问题；后者是决定一种证据在诉讼过程中如何收集、运用的问题即证明行为问题。从英美国家的证据法来看，这两种证据规则都有体现。我国在确立证据规则时应坚持两者并重的原则，以保证证据规则制定的系统化。

第三节　国外证据规则的概括

一、两大法系证据规则的发展

（一）英美法系国家

在英美法系国家，证据规则的发展经历了数个世纪，它是在不断融合习惯、判例的基础上演化而来的。从现代英美国家的证据规则看，规范证据资格的规则可分为三个部分：基础性规则、证据排除规则及其例外规则。其中，基础性规则以肯定形式规定了何种证据具有证据资格；证据排除规则以否定形式规定了何种证据不具有证据资格；证据规则的例外则又从排除的证据种类中赋予了部分材料的证据资格。因此，证据排除规则及其例外实质上是对基础性规则的修正和补充，是针对复杂的司法实践而灵活处理问题的一种表现。

英美法系国家证据规则的现代发展有以下两个特点：

第一，在拓展证据排除范围的同时，增加了许多排除的例外。在英美证据规则中，由英国法学家斯蒂芬创设的“相关性规则”被视为规范证据资格的“黄金规则”。根据该规则，除非法律另有规定，任何与待证事实具有相关性的材料都具有证据资格。为适应陪审团裁判制度，普通法上又通过诸多案例逐渐形成了一系列排除证据资格的具体规则。由于这些规则在相关性基础上排除了特定证据材料的证据资格，因此，它们被称为是证据排除规则。为保障公民宪法性权利或者其他政策和特殊利益的要求，美国联邦最高法院在普通法的基础上又发展了证据排除规则。

第二，法官在决定证据可采性上的权力趋于增强。在英美法系国家，逐渐产生了这样一种发展趋势，即在证据的可采性问题上，不断增强法官的作用和权力，证据的可采性开始越来越多地取决于法官的判断和裁量，而不是取决于证据规则的预先设定。法官在证据可采性问题上的权力的不断增大，表现在：其一，由于例外规则不断增多，证据规则实际适用的范围却在不断减小，对法官的限制越来越少；其二，即使根据证据规则具有可采性的证据，法官也有权予以排除。

（二）大陆法系国家

大陆法系国家对具体证据材料是否具有证据资格基本上是一个法官自由裁量的问题，很少有明确的立法规则。这一特点在刑事诉讼证明中尤其明显。然而，近年来大陆法系许多国家在立法中逐渐借鉴了英美法系国家当事人主义诉讼模式下的证据规则，例如，对于非法收集的证据，德国《刑事诉讼法》第

136 条规定了禁止使用的讯问方法，包括：①不得使用虐待、疲劳战术、伤害身体、服用药物、折磨、欺诈或者催眠等方法侵犯被告人决定和确认自己意志的自由；②禁止使用损害被告人记忆、理解力的措施；③第 1 款、第 2 款的禁止规定必须适用，无论被告人是否同意。对于违反这些禁止性规定所获得的陈述，即使被告人同意，也不得使用。

二、两大法系证据规则的评价

两大法系证据规则的差别主要表现在以下几个方面：

第一，在法律渊源上，英美法系国家的证据规则主要来源于习惯、判例；而制定法是大陆法系国家的基本法律渊源。一般说来，大陆法系国家都采用在诉讼法中规定证据问题的立法形式，有些国家也把证据问题在民法典等实体法中规定，例如法国。大陆法系国家虽然也有判例，但判例并不是证据法的主要形式。

第二，在规范调整对象上，英美法系国家的证据规则着重于规范当事人双方的举证活动；而大陆法系国家的证据规则着重于调整法官的心证形成过程。

第三，在适用证据规则的时间上，英美法系国家的证据规则主要适用于证据提交裁判者审查判断之前，其目的在于防止裁判者接触到不适当的证据材料；而大陆法系国家的证据规则适用于裁判者评价判断证据的心证形成过程中，其目的是防止裁判者在评判过程中将未经法庭公开查证属实的证据作为定案的根据。

第四，在证据规则的内容上，英美法系国家的证据规则侧重于证据的可采性问题，即证据资格问题；而大陆法系国家侧重于调查证据应遵守的程序。

第五，在证据规则的性质的差异上，英美法系国家的刑事证据规则和民事证据规则的差别不大，因此他们可以采用统一立法的模式；而大陆法系国家，刑事证据规则与民事证据规则的差别比较大，所以他们多采用分别立法的方式。

第二章 相关证据规则

第一节 外国相关证据规则

一、相关性的概念

相关性证据规则，又称为关联性证据规则，是指只有与本案有关的事实材料才能作为证据使用。在美国，所谓相关性（relevancy），是指证据必须与案件的待证事实有关，从而具有能够证明案件待证事实的属性。美国《联邦证据规则》第401条规定："相关证据，指证据具有某种倾向，使决定某项在诉讼中待确认英美法系国家一个基础性证据规则，没有相关性的证据是不具有可采性的。"

二、相关性的判断标准

根据美国法律咨询委员会的理解，判断相关性的标准是，只要证据与待证事实之间存在"更有可能或者更无可能"即可，不要求证据的充分性。正如美国麦考密克所言："一块砖而非一座墙"，相关性是砖，充分性是墙。美国证据法学家华尔兹在

《刑事证据法大全》一书中，对相关性问题谈到了六个方面：

第一，相关性对概率的影响。从证明力的意义上讲，相关性必须涉及证据肯定或否定某实质问题的能力，相关性必须涉及某种情况下的概率。此处的问题是：所提出的证据会使某个实质性事实问题的存在更成为可能或不可能吗？

第二，相关性与间接证据。相关性问题是与间接证据相联系而产生的，因为关于实质性事实问题的直接证据总是相关的，而且将被裁决采用，除非它与某些特殊的排除规则发生冲突，如证人特免权规则。

第三，相关性涉及内容而非形式。相关性涉及到的是证据的内容或者实体，而不是该证据是如何提出的形式或方式。换言之，相关性是关于证据题材的，而不是它怎么被提出的。例如，根据传闻证据规则提出的异议指向的是证据的形式，因为该证据是以传闻的方式提出来的。

第四，相关性的检验。有没有检验相关性的方法？为此可以用三个关键性问题来检验：一是所提出的证据用来证明什么？二是这是本案的实质性问题吗？三是所提的证据对该问题有证明性吗？其中，时间的遥远性是特别重要的，如果旁证事件与受审查的事件发生的时间很近，那它就具有相关性；如果它与受审查的事件时间间隔很远，那它就不具有相关性。

第五，相关性和人类知识水平。相关性有时依赖于人类不断增长的知识和在特殊领域内的专门知识。过去一段时间，武器鉴定证据（弹道学证据）曾被认为不具有相关性。现在，有关其总体可靠性的司法认知也会被采用，我们的知识已经扩展到了足以使我们相信这种证据。

第六，概率理论。尽管事实上相关性的概念提出的问题是所给定的主张为真的判断具有多大可能性，但是在法庭上实际应用统计概率的理论可能是危险的。人民诉鲁吉洛和伍德曼希案及人民诉克林斯案便是例证。

人民诉鲁吉洛和伍德曼希案中的被害人是被人开枪打死的。发射那颗子弹的武器具有五个特征：①口径为 0.38 英寸；②右旋的膛线；③能给弹头后沿留下刮痕的不对称的转轮弹膛；④五线膛线；⑤它是转轮手枪。被告人之一有一个这样的枪。公诉律师在对陪审团最后的论述中指出：第一，因为所生产的枪支有五种口径，所以保守地说，一个假定的枪打出 0.38 口径弹头的机会是 1 比 5；第二，一支枪具有右旋膛线而不是左旋膛线的机会是 1 比 2；第三，一支枪的转轮膛线不对称能给弹头留下刮痕的机会是 1 比 5；第四，一支枪具有五条膛线的机会是 1 比 4；第五，一支枪为转轮枪而不是自动枪的机会为 1 比 2。

公诉律师运用概率理论中的“乘积法则”，把这些概率相乘宣布一支给定的枪同时具有上述特征的机会为 1 比 400。公诉律师这样做的目的是向陪审团指出，被告人的枪和那支导致被害人死亡的枪之间特征的相似性绝不可能是一种偶然的巧合。

但是公诉人的这种论述有两个基本缺陷：第一，公诉律师对该特征出现的概率的估算所依据的假定是不准确的。没有充足的理由在毫无证明的情况下推定所有枪支中的 1/5 是 0.38 英寸口径的；也没有理由推定所有生产出来的枪支中有一半是右旋膛线的。第二，公诉人在最后论述中提到的因素是无相关性的，即使所生产枪支中有一半是右旋膛线而且有 1/5 是 0.38 口径的，那么也可能所有或者大多数 0.38 口径的枪都是右旋膛线的。如果相关因素被视为无关因素，那么，它们就等于二次相乘，而所得概率就会不适当的增大了。

三、相关性证据的例外

美国《联邦证据规则》第 403 条规定：“虽然证据具有相关

性，但是若其证明价值实质上被下列因素超过，即导致不公正的偏见、混淆争议或误导陪审团的危险，或者考虑到不适当拖延、浪费时间或不必要地出示重复证据，则仍然可以排除该证据。”相关性的例外情况主要涉及以下两个情况：一是品格证据的例外。在一般情况下，一方提出的试图证明某人的品格或者一种特定的品格（如暴力倾向）的证据在证明这个人于特定环境下实施了与此品格相一致的行为上不具有相关性，其道理是“一次做贼，不应永远是贼”。二是其他犯罪或某些特定行为证据的例外。例如某人在15年前曾被判诈骗罪的证据对目前证实他犯盗窃罪指控来说不具有相关性。然而，被告人其他犯罪或恶行的证据可以为许多其他目的而采用。根据《美国联邦证据规则》第404条第2款的规定，关于其他犯罪、错误或行为的证据不能用来证明某人的品格以说明其行为的一贯性。但是，如果出于其他目的，如证明动机、机会、意图、预备、计划、知识、身份、并非过失或意外等，具有可采性。

四、品格证据规则

（一）品格证据规则的含义

品格证据规则，又称为排除品格证据规则，是指诉讼中当事人提出的关于被告人、被害人、证人品格的证据不可采的证据规则。在英美当事人的诉讼中，当事人为了反驳对方，常常对被告人、被害人、证人的品格进行攻击，以是陪审团产生不可信的印象，从而做出有利于自己的判断。其基本法理是：某人曾经好与不好的品格与案件中该人的品格不具有相关性，因而不具有可采性。美国《联邦证据规则》第404条规定：“为证明某人在具体场合曾按其品格行事而提出有关此人品格或品格特征的证据，无可采性。”所谓品格，美国麦考密克认为：“是指对某人性情的总的描绘，或者说是指对与某人一般特征有关的性情的总的描述，如诚实、节酒或温和。”

（二）品格证据的例外

1. 被告人品格证据的例外。美国《联邦证据规则》第404条第1款第1项规定：“由被告人提供的关于其品格的某一项相关特征的证据，或者由起诉方提供的、用于对此进行反驳的证据，具有可采性。”下述关于被告人品格的证据可以采纳：第一，被告人可以提出能证明自己优良品格的证据。由于被告人已经“打开大门”，所以公诉人也可以提出反驳证据证明该被告人的不良品格。第二，被告人的品格是所指控犯罪的基本要素。例如，一个臭名昭著的强盗在起诉中被指控曾使用其罪恶名声作为敲诈勒索的手段，就为公诉人在审判中证明其名声铺平了道路。第三，被告人提出无罪证据而被交叉询问时，询问人在发问时可以涉及过去的罪行及品格。第四，被告人在被定罪后，法官在判刑前，可以查询和采纳有关其前科和品格的证据。

2. 被害人品格证据的例外。根据美国《联邦证据规则》第404条第1款第2项规定：“由被告人提供的、关于被害人品格的某一相关特征的证据，或者由起诉方提供的、用于对此进行反驳的证据，或者是在杀人案件中由起诉方提供的、用于证明被害人首先发动攻击的证据进行反驳的、关于被害人性格温和的证据，具有可采性。”美国国会于1978年给《联邦证据规则》增加了被称为“强奸盾牌条款”的第412条，该条规定，有关得出强奸指控的被害人以前的具体性行为的证据不具有可采性，除非该证据属于下列情形：①宪法规定应该采用；②发现该被告人不是该精液来源的证据或该被告人并没有造成被害人所受伤害的证据；③表明被告人自己过去与被害人的性关系的证据。

3. 证人品格证据的例外。美国《联邦证据规则》第404条第 1 款第 3 项规定，关于证人品格的证据，适用第 607、608、609 条的规定。而根据这些规定，任何一方当事人都可以对证人的可靠性提出质疑，证人的可靠性可以通过意见证据和名声证据来进行抨击和支持。但须受到下列限制：其一，证据只能针对可信或不可信的品行；其二，关于可信品行的证据，只能在证人的可信品行已经受到意见证据或名声证据或其他证据攻击之后，才具有可采性。出于抨击证人的目的，有关证人曾被定罪的证据，如果该罪可被判处死刑或 1 年以上监禁，可以采纳；如果该罪行涉及不正当行为或提供虚伪陈述，只要时间间隔不远，也可以采纳。

4. 其他犯罪或特定恶劣行为证据的例外。根据美国《联邦证据规则》第 404 条第 2 款的规定，关于其他犯罪、错误或行为的证据不能用来证明某人的品格以说明其行为的一贯性。但是，如果出于其他目的，如证明动机、机会、意图、预备、计划、知识、身份、并非过失或意外等，具有可采性。对此，华尔兹教授分为七方面讨论：

（1）作为犯罪计划或阴谋之部分的劣迹或犯罪前科。

（2）动机、机会、预备。例如，甲杀死乙，然后，甲发现乙的妻子是他杀人的目击证人时，便把乙的妻子也杀了。乙的女儿恰好又目击甲杀害他的母亲的过程，结果甲又把乙的女儿杀了。在证明甲杀死乙的犯罪行为时，杀害乙的妻子和女儿的行为可以用来证明其犯罪动机。

（3）作案手法。公诉人可以证明该被告人实施其他犯罪或不端行为的方法与本案十分相似，足以确定为习惯作案手法。

（4）并无意外或过失。公诉人可以表明该被告人的相似行为来证明其当前受审的行为不是意外或非过失。

（5）非正常情欲。以前的行为可以用来证明与本案被害人之间进行不合法的性行为的欲望或癖好。这就是说，某些变态或反常的性行为本身如此特别，以至于被告人以前与同一人进行的相同行为可以用来证明他就是当前指控中描述之行为的有罪者，例如，被告人被指控对其女儿犯有法定强奸罪，公诉方应被允许证明该被告人以前与该女儿的性交事件。

(6) 质疑。如果被告人为自己的利益而登上证人席，那么其可靠性就可以由他以前一次或多次严重犯罪行为而被判处有罪的证据予以质疑。

(7) 默认。被告人的罪行偶尔会构成一种暗含的承认，如当该行为故意设计来阻碍争议的实现或影响刑罚的逃避。

第二节　我国相关性证据规则的完善

一、我国相关性规则的理论与立法现状

(一) 理论

我国刑事诉讼法学界一致认为证据应具有关联性，并把它作为证据的三大特征之一，但是对于什么是关联性，证据学理论上有所谓的内在联系说、客观联系说、紧密联系说、证明需要说、内在必然联系说、综合说等多种观点。例如，其一，“可以作为证据的事实，与诉讼中应当予以证明的案件事实，必须存在某种联系，即能够反映一定的案件事实。”〔1〕其二，“关联性，是指证据必须与案件事实具有实质性的联系，从而对案件具有证明作用。”〔2〕其三，“证据的关联性，是指由案件事实决

〔1〕陈一云主编：《证据学》，中国人民大学出版社 1991 年版，第 101 页。

〔2〕陈光中、徐静村主编：《刑事诉讼法学》，中国政法大学出版社 2002 年版，第 130 页。

定的，与案件事实之间的本质的、内在的联系。”[1] 其四，“诉讼证据的关联性，是指证据和案件之间有客观联系，为证明待证事实所必需的，并且在现有条件下能被人们所认识的。”[2]

（二）立法

《刑事诉讼法》第189条规定：“证人作证，审判人员应当告知他要如实地提供证言和有意作伪证或者隐匿罪证要负的法律责任。公诉人、当事人和辩护人、诉讼代理人经审判长许可，可以对证人、鉴定人发问。审判长认为发问的内容与案件无关的时候，应当制止。审判人员可以询问证人、鉴定人。”

二、相关性规则的完善

我国刑事诉讼法对相关性规则规定的过于笼统，没有具体明确哪些证据是没有相关性的，也没有规定相关性规则的例外，这无疑增加了实践操作的难度。借鉴美国联邦证据规则“原则加例外”的规定模式，在我国相关性的证据立法上可以考虑以下三点：

1. 一般规则。任何具有相关性的证据，均具有可采性。至于相关性的判断标准可以参考美国证据法的相关理论。

2. 排除规则。第一，美国关联性的证据应当排除，例如品格证据不具有相关性；其他犯罪或特定恶劣行为的证据没有相关性。第二，证据即使有关联性，但采纳该证据，可能导致案件结果的不公正、混淆争议、浪费时间、拖延诉讼、不必要的重复出示证据，应当排除。

---

〔1〕 陈光中主编：《刑事证据法专家拟制稿》，中国法制出版社2004年版，第38页。

〔2〕 胡锡庆主编：《诉讼证据学通论》，华东理工大学出版社1995年版，第61页。

3. 排除的例外规则。在特殊情况下，原本应当排除的证据，具有可采性。这些情况是：第一，品格证据的例外，如品格证据可以用来质疑陈述者的可信性，而且当被告人首先提出自己品格优良时，公诉方可以进行反驳；第二，其他犯罪或特定恶劣行为的证据的例外，如用其他犯罪或恶劣行为证明动机、机会、意图、预备、计划、知识、身份，或缺乏过失，或意外事件。

第三章

非法证据排除规则

第一节　外国的非法证据排除规则

一、非法证据排除规则的含义

（一）非法的含义

美国非法证据排除规则中对非法有两种理解：第一，狭义非法，非法证据排除规则早先仅指违反美国联邦宪法第四修正案关于不得进行不合理搜查和扣押之规定，如果违反了该条规定所取得的证据（通常是物证），即为非法证据而不能在刑事司法中使用。第二，广义非法，在该规则的发展中，非法的概念也有所发展，现在泛指一切违反收集证据的行为，不限于第四修正案规定的范围，还包括违反宪法第五修正案、第六修正案和其他成文法和案例法的情况下取得的证据。

（二）非法取证的含义

在美国，非法证据排除规则适用的范围包括以违反被取证人的宪法性权利而获取的言词证据和实物证据。在此说明三点：第一，因为在美国非法证据指取证过程中侵犯了被取证人权利、在审判中不得用作不利于该人的证据，所以美国的非法言词证据通常仅指被告人口供，不包括证人证言等其他言词证据；第二，美国的取证不仅包括直接的取证行为，还包括为取证行为创造条件的其他行为，例如，逮捕本身不是取证行为，但是因为对犯罪嫌疑人进行了逮捕，则为对犯罪嫌疑人进行搜查和扣押创造了必要条件，因此逮捕是否合法也与此有关，是取证是否合法的判断依据，这与“毒树之果”理论有关；第三，美国非法证据排除规则中的取证仅适用于国家机关及其工作人员，通常指警察的取证行为，不包括私人的取证行为。

（三）排除的含义

在美国，排除的最初含义是指非法证据不得在刑事审判中用作不利于被告的证据。需要说明的是：第一，“审判”一词在美国仅指一审，因为一审为事实审，证据的采纳只是证明事实问题，上诉审是法律审，不审查事实问题。第二，排除非法证据的行为通常发生在被告人作出无罪答辩之后一审正式开始之前进行。非法证据不能进入正式的诉讼中，排除非法证据的活动设置在正式审判之前，由专设的大陪审团进行。同时，美国的刑事诉讼在庭审前设置了辩诉交易程序，在被告人作有罪答辩后不进行审判，所以，只有在被告人作无罪答辩的情况下才有排除非法证据的必要。第三，在美国，非法证据排除中的“排除”已经从原来不得用于在审判中对被告人定罪的证据，扩大到包括在审前程序中不得以非法证据作为签发逮捕证和搜查证等刑事司法行为的根据，以及被告人可以用法院未排除非法证据为理由进行上诉和请求最高法院审查案件。第四，美国对于排除非法取得的证据不等于该证据不能使用，只是不能用作不利于被告人的证据。被告人必须是非法取证行为所侵害的对象才能享受有要求排除非法证据的权利。因此，所谓排除并非绝对排除，这种排除有若干例外，即在有些情况下非法取得的证据也能够用于不利于被告人的证据。

二、非法证据排除规则的范围

（一）对非法物证的排除

在美国，非法取得的物证主要是指违反美国宪法第四修正案的取证行为，主要发生在搜查、逮捕和扣押过程中，美国宪法第四修正案禁止“不合理的搜查”，是否属于不合理的搜查，判断标准有三个：第一，公民对被搜查对象是否属隐私权范围有合理的预期。所谓预期合理的隐私是指行为人实施该行为时，合乎情理地预见到该行为属于隐私范围。例如，警察在街上看到一个开着门的车库里放着一辆他认为有可能是偷来的汽车，这就不是搜查，因为对公众可以看到的东西，没有人会有隐私权的预期。假如他随后进入该私人领地以便进一步观察，就是搜查，因为房屋和房屋的四周紧连着的宅地范围通常被认为是隐私权的预期。第二，警察搜查的范围是否属于公共场所。第三，搜查是否有可成立的理由。如果警察实施搜查而没有可成立的理由，则构成非法搜查，美国法院对违法搜查、扣押所获得的证据采取的是强制排除态度，即一旦警方的行为被认定违法，那么作为违法所取得的证据就不能在法庭上使用，至少不能在检察官的主诉中使用。

（二）对非法言词证据的排除

非法取得的言词证据主要是指违反美国联邦宪法第五修正案规定而取得的被告人供述。美国联邦宪法第五修正案的核心问题是不得强迫自证其罪。其主要内容包括：第一，不得强迫刑事案件中的被告人作证，即回答法庭的询问，如果自愿放弃这种权利，则可以作证，即在法庭上接受交叉询问；第二，在刑事、民事、立法听证案件中，任何人有权拒绝回答可能使他受到刑事追诉的问题；第三，警察以及其他机构不得使用暴力或者暴力威胁，或以不合法、超越权力的允诺以获取自白或陈述；第四，进行询问的警察在对犯罪嫌疑人、被告人进行询问之前必须遵守米兰达规则，告知沉默权和律师帮助权；第五，违反这些规则取得的自白或陈述将被排除，不得用作对被告人不利的证据。

在美国，被告人的言词证据可以分为两类：一类是承认；一类是被告人的供述。承认和供述是两个概念。例如，在一件谋杀案中，起诉方证明一把枪是谋杀的工具，如果被告人说：这把枪是我的，这就是承认；如果被告人说：我用我的枪杀死了被害人，这就是供述。承认在非法证据排除规则中具有重要意义。因为承认可能是以行为或下意识表示的，所以，承认不像供述那样有严格的程序和要求，可以不受“不得强迫自证其罪规则”的限制，在这些情况下，也不需要事先给米兰达警告，因而承认被排除的可能性较小。被告人的供述是被告人对自己的违法行为所做的完整陈述。它必须具备下列条件：第一，供述必须是完整地承认犯罪。第二，供述必须承认犯罪和重要的犯罪构成。刑法上有些犯罪构成有特殊条件，如攻击执法人员罪，要求被告人必须明知执法人员而进行攻击才构成本罪。因此被告人仅仅承认攻击某人是不够的，只有在被告人承认明知是执法人员而进行攻击的，才是完整的供述。第三，供述必须能证明犯罪本身而不需要再进行推论。第四，供述必须是完全自愿的。任何用强迫、引诱、精神上和身体上的威逼，答应基于免于或从轻处罚的允诺等欺骗手段而获得的供述，都不能作为证据采纳。

（三）对违反正当程序获取的证据的排除

违反正当程序获得的证据是指违反美国宪法第六修正案中

“获得律师帮助为其辩护” 所获得的证据。律师对嫌疑人的帮助必须贯穿于整个诉讼过程中，但并不是整个诉讼过程都必须有律师在场，如果按照这样的要求，实践中很难做到，因而，联邦最高法院认定违反获得律师帮助的情形通常是那些对被告人有重大影响的关键程序。例如，对被告人实施的身份辨认程序，被告人被逮捕后首次带到治安法官面前的首次出庭程序，答辩程序，法庭正式审判前的听审程序，审判程序。

三、非法证据排除规则的例外

（一）善意的例外

警察在合理并善良地信任使用搜查证的情形下进行的搜查不属于非法搜查，所获取的证据不应被排除。善意的例外有两种情况：一是警察根据命令取证时的善意例外。如警察的行为是执行命令，而事后发现这种命令本身没有合理根据，在这种情况下警察并没有过错，错在发出命令的法官或法院，因此在这种情况下的取证不适用证据排除规则。二是警察根据法规取证时的善意的例外。即警察在执行任务时合理善意地依照某个法律行事，但事后这个法律被确认为违反宪法的或该法律是无效的，但因为警察是善意地执行法律，而不是故意违法，所以取得的证据可以作为非法证据排除规则的例外。

（二）反驳例外

反驳例外通常是指对被告人作证时的反驳。即用以说明被告人前后陈述的矛盾或实物证据与被告人陈述的矛盾的非法证据，不被排除。反驳例外主要包括违反第四、第五、第六修正案三种情况的反驳例外。例如，在最高法院审理的沃尔德诉美国一案中，被告人被指控购买和持有毒品。在法庭审理的交叉询问中，被告人声称他从来没有持有或买卖毒品。在这种情况下，法庭允许控方出示两年前在被告人家中非法搜查而获得的毒品为证据，证实被告人在撒谎。被告人提出该证据为非法搜查获得，不能在审判中使用。法庭没有采用被告人的意见，因为该证据的唯一目的是反驳被告人的可信度，并指出：政府方不能使用非法证据，但是，也不能说被告人可以利用证据排除规则来为自相矛盾的、不真实的陈述作掩护。

（三）私人搜查的例外

私人搜查的例外是指政府机构以外的个人违法搜查获取的证据，不予排除。其原因主要有两点：第一，非法证据排除规则主要功能是组织政府的违法行为，既然没有政府的参与，就不需要证据排除规则；第二，私人搜查通常并非处于将被搜查人定罪的动机，而且也不是常规地进行，如果是违法的，则可以通过侵权诉讼等方式解决，不需要用非法证据排除规则。

（四）大陪审团审理案件的例外

大陪审团审理案件不适用证据排除规则，这是因为：第一，非法证据排除规则可能阻碍大陪审团工作。因为大陪审团审理的结果并不是定罪。第二，大陪审团不受刑事审判程序的限制。第三，大陪审团的审理中如果采用非法证据排除规则，其阻止警察非法行为的效果不佳。因为警察非法收集证据的目的不是为了大陪审团审理，而是为了对被告人定罪，所以法庭审理时排除非法证据有阻止非法行为的作用。

（五）其他例外

除了上述四种情况外，非法证据排除规则还有一些其他的例外：第一，如果出于辩护需要，被告方自己首先引用了非法证据，就不能再提出对该证据的排除请求，这便为非法证据的使用打开大门。第二，可以用非法证据来证明非法行为。例如，对伪证罪的指控，证人作伪证，尽管该证据因为不合法而被排除，但仍可以用作伪证罪的证据；同理，警察非法取得的证据在证明被告人有罪时应被排除，但该证据却可以被用来证明警察的非法行为。

第二节　我国非法证据排除规则的完善

一、程序性制裁的完善

实体法中所确立的法律责任几乎无一例外地具有“实体性制裁”的性质，这些制裁措施不仅适用于单纯的实体性违法行为，也可以适用于程序性违法。例如，警察在侦查中的刑讯逼供行为，造成人身伤亡后果，可能构成刑讯逼供罪，受到刑事处罚；如果对没有犯罪事实的犯罪嫌疑人采取拘留、逮捕等措施，公安、检察机关承担国家赔偿责任。但是，如果一项“程序性违法”，并没有达到实体性违法的程度，无法导致实体性制裁的后果，那么，要不要给予诉讼层面上的制裁呢？换言之，在刑事诉讼中，公安、检察院、法院违反了法律程序，他们是否会承担程序上的法律责任？针对这一问题，西方国家建立了专门的“程序性制裁制度”。例如，英美法系国家的“非法证据排除规则”、“撤销起诉”、“推翻原审有罪判决”。

（一）程序性违法

所谓程序性违法是指参与刑事诉讼的警察、检察官和法官违反法律所规定的诉讼程序的行为。这种行为不同程度的侵犯了公民的基本权利。可以分为：警察在调查证据环节的程序违法，检察官在审查起诉环节的程序违法，法官在审判环节的程序违法。

程序性违法行为由主观上的恶性与客观上的行为构成，判断一行为违反法律程序应该以什么为标准？在西方国家，程序这一概念与宪法上的一个概念紧密相连，就是“公民的基本权利”，之所以在程序上采取排除证据、撤销起诉、宣告无罪等极端方式，是因为这种程序性违法侵犯了公民的基本权利，这不仅是一种制裁，更是一种宪法权利的救济。

（二）为什么建立程序性制裁

正所谓“无制裁，就无规则”，仅有实体性制裁是不够的，无论是国家赔偿、刑事责任、行政惩罚这些实体性制裁都有一个共同特征：它们只针对那些构成实体性违法的程序性违法行为，对单纯的程序性违法行为无法发挥作用。程序性违法行为只有恰巧符合实体性违法的构成要件的情况下，才可能受到实体性制裁，但是在绝大多数情况下，程序性违法根本不可能构成实体性违法。我们以刑讯逼供为例，根据刑法的规定，侦查人员在询问中刑讯逼供造成严重后果的，才会构成刑讯逼供罪，所谓严重后果，通常指造成嫌疑人人身伤害或造成冤假错案等后果，但是在刑事诉讼中绝大多数刑讯逼供的行为没有发生所谓的严重后果。对那些无法受到刑事制裁的刑讯逼供行为采取国家赔偿的方式如何？根据《国家赔偿法》第 15 条的规定，刑讯逼供只有“造成公民身体伤害或死亡才属于国家赔偿范围”，如果用国家赔偿法也无法制裁的话，那么，用“行政法律惩罚”的方式抑制刑讯逼供如何？在实践中，警察以刑讯逼供的方式获得被告人的有罪供述，该供述被起诉机关作为证据提交法院，法院最终采纳了该证据，作出了有罪判决，在这种情况下，侦查人员不会因刑讯逼供被追究刑事责任，在我国很难想象对没有发生严重后果的，也没有社会影响的刑讯逼供行为追究责任，甚至是行政责任。只有警察采取刑讯逼供行为，最后被证明是冤假错案的情况下，该行为才有可能浮出水面，追究行政责任才有可能发生。所以，与实体性制裁相比，程序性制裁具有一定的优势，它可以消除侦查人员的违法动机，从而有效的抑制程序违法行为。我国现行的程序性制裁措施主要有两种：一是非法证据排除；二是撤销原判，发回重审。

二、我国非法证据排除规则的完善

《刑事诉讼法》第54条规定："采用刑讯逼供等非法方法收集的犯罪嫌疑人、被告人供述和采用暴力、威胁等非法方法收集的证人证言、被害人陈述，应当予以排除。收集物证、书证不符合法定程序，可能严重影响司法公正的，应当予以补正或者作出合理解释；不能补正或者作出合理解释的，对该证据应当予以排除……"

（一）非法证据

"非法证据"的概念是非法证据排除规则的前提。按照我国传统证据法理论，认为证据的合法性主要包括：第一，取证的主体合法；第二，取证的程序合法；第三，证据形式合法。三个要素缺一不可，相应地"非法证据"就是缺少其中之一要素的证据，因此我国的非法证据有三类：

第一类是非法定主体取得的证据，有两种情况：其一，不具有取证主体资格的人员取证。按照我国传统证据法理论取证的合法主体是司法人员，私人取证被视为非法取证。其二，本为法定的取证主体，却违反了回避、管辖制度而取证的。例如鉴定人违反了回避制度而出具鉴定结论的。

第二类是非法定形式的证据。也存在两种情况：其一，所获得的证据不属于我国刑事诉讼法明确列举的证据形式；其二，所获得的证据在形式上不符合我国《刑事诉讼法》的特别要求，例如，鉴定结论上，应该有鉴定人的签字并盖章，如果没有就属于非法证据。

第三类是以非法定方法取得的证据。存在两种情况：其一，取证手段程序违法，例如侦查人员以刑讯逼供的方法取证，违反搜查的法定程序所获得的证据。其二，以非法定侦查手段取证。例如采取窃听、窃照、诱惑侦查、密搜密取等手段，上述手段刑事诉讼法没有明确规定。

在国外，无论是英美法系国家还是大陆法系国家，都对“非法证据”作狭义的理解，即非法证据就是非法取得的证据，不包括所谓的“非法定主体取得的证据”和“非法定形式的证据”。也就是说，非法证据排除规则主要是为了确保取证手段的合法性。那么，到底如何界定“非法证据”更合理？本书认为狭义的界定更合理，理由是：第一，非法证据排除规则的本质是一种程序性制裁，其目的是通过排除非法证据，遏制侦查机关的违法侦查行为，并救济当事人被侵犯的权利。也就是说，只有同时满足这两点，才能启动非法证据排除规则。换言之，非国家公权力机关的违法取证行为，或者虽是国家公权力机关的违法取证行为但是并没有达到侵犯公民基本权利的程度，都不能启动非法证据排除规则。第二，将证据划分为非法证据与合法证据是不具有可操作性的。“无证据能力的证据”不等于“非法证据”，例如证人不出庭作证，其证言也应该排除，但不是通过非法证据排除规则排除，而是通过传闻证据规则排除。还有，无证据能力的证据不一定都需要排除，有的时候可以转化使用，可以重新依法取证。

本书认为根据程序性违法的程度，对证据进行三分法更具有可操作性：第一，有证据能力的证据；第二，瑕疵证据；第三，无证据能力的证据（包括非法证据）。瑕疵证据是指在取证上存在瑕疵，属于侦查机关并没有侵犯公民宪法性基本权利的轻微违法行为。这种证据只要“补正或合理解释”即可。非法证据与瑕疵证据的区别就在于违法程度不同：前者达到了侵犯公民基本权利的程度，后者没有达到侵犯公民基本权利的程度。

(二) 非法证据排除规则的完善

第一，我国刑事诉讼法中增加了对证据的“补正与合理解释”的处理方式，但是仍根据言词证据与实物证据的分类来作不同处理，对言词证据采用排除的处理方式，对实物证据一般采用补正或合理解释的处理方式，只有严重影响司法公正的情况下才排除，本书认为这是没有道理的，无论言词证据还是实物证据应该根据其违法程度来采用不同的处理方式，而不是根据表现形态来采取不同的处理方式。

第二，我国没有像美国诉讼中规定的审前程序，所以如何排除非法证据就成为一个问题。因此，有必要成立专门的组织在审判前将非法证据排除，否则，非法证据会进入审判中影响法官的裁判，使法官产生偏见。

第三，我国没有确立“毒树之果”规则，对于通过违法的言词证据获得的实物证据是否排除，还是补正或合理解释没有明确的规定。

第四，没有明确规定非法证据排除规则的例外。

(三) 民事诉讼中非法证据排除规则的完善

民事诉讼中的非法证据排除规则是关于当事人及其诉讼代理人采用非法手段获取的证据不得在民事审判中为法院所采用的规则。1995 年，最高人民法院针对偷录方式取证作出的《关于未经对方当事人同意私自录制其谈话取得的资料不能作为证据使用的批复》初步确立了这一规则，2001 年，最高人民法院在《证据规定》中作出了“以侵害他人合法权益或者违反法律禁止性规定的方法取得的证据，不能作为认定案件事实的依据。”这标志着最高法院通过司法解释确立了民事诉讼中的非法证据排除规则。

非法证据排除规则既有实体问题，也有程序问题，实体问题要解决什么是非法证据，具体包括非法证据的分类、范围、定义、标准等问题；程序问题要解决的是通过什么样的方式识别和排除非法证据，包括法官依职权主动派出还是当事人申请后排除？非法证据的证明责任由哪一方承担？在审前程序中排除还是在审判过程中排除？是在法官认证时排除还是在对全案作出综合考量时再排除？排除规则对实体内容作出了规定，并未涉及程序问题，还需要完善程序问题。

1. 合法性审查程序的启动。非法证据排除规则的适用首先涉及到的问题是依法官的职权行为启动还是依当事人的申请启动。对此，有三种可供选择的方案：第一种是全部由法院依职权进行审查，不问当事人在质证时是否对证据的合法性问题提出质疑。第二种方案是将两类非法证据区别对待，对因侵犯他人合法权利而成为非法证据的，实行依申请而审查，而对因采用法律禁止的方法成为非法证据的，法院应主动审查。第三种方案是对这两类证据一视同仁，均依当事人的申请而审查。

2. 证明责任的承担。在一方当事人提出某一证据材料，另一方当事人对该材料的合法性提出质疑时，双方当事人就证据的可采性问题上发生了争议，那么，由哪一方当事人对此承担证明责任？在刑事诉讼中由控诉方承担证明责任，但是民事诉讼发生在地位平等的双方当事人之间，不存在一方当事人收集证据的能力明显优于另一方的问题。对此，学者们提出了五种方案：第一，全部由提出者承担；第二，全部由异议者承担；第三，原则上由提出者承担，例外情况下由异议者承担；第四，原则上由异议者承担，例外情况由提出者承担；第五，不设证明责任分配的一般规则，由法官根据案件情况裁量确定证明责任的分担。

3. 作出排除决定的时间。对此也存在三种方案：第一，在审前阶段就对是否排除作出决定；第二，在法庭调查的认证阶段决定是否排除；第三，等到法庭辩论终结，法官对整个案件进行评议时再来解决这一问题。本书同意第二种方案。

第四章 最佳证据规则

第一节 外国的最佳证据规则

一、最佳证据规则的含义

最佳证据规则是现代英美法系国家针对文字材料可采性的一项重要证据规则，它是适用书证的证据规则，其基本精神是：以文件内容而不是文件本身作为证据的一方当事人，必须提出文件内容的原始证据。最佳证据规则包含三层含义：第一，原始文字材料是证明案件事实最真实的证据，是最佳证据，当事人应当向法官提供原始文字材料作为证据；第二，法官应采纳原始文字材料认定事实；第三，在具备法律规定的正当理由时，当事人可以不提供原始材料，法官也可以采纳非原始材料作为证据。

确立最佳证据规则的原因是：该文字或者其他符号，差之毫厘，其意义则可能失之千里；观察时之错误危险甚大，尤其以当其在实质上对于视觉有所似时为然。因此之故，除提出文书原本以供检阅外，于证明文书之内容时，诈伪及类似错误之机会自必甚多。

二、最佳证据规则的例外

法官允许当事人提供非原件的，必须同时具备下列条件：

第一，当事人必须证明原件曾经或现在确实存在且该原件是真实的。

第二，具有法律规定的不能提供原件的正当理由。归纳英美国家的立法，正当理由通常包括：其一，原件已经不存在，提供原件已经不可能；其二，原件虽然存在，但原件被对方或第三人控制，通过合法的程序或手段而不能获得；其三，原件虽然存在，但提供原件可能造成原件损坏或不方便等；其四，有其他正当理由，如书证内容与主要争议无关；其五，对方当事人自认。

三、最佳证据规则的现代发展

1. 在适用对象上发生了变化。其一，它不再适用于物证，究其原因是物证是以其客观属性或外部特征来证明案件事实的，不存在最佳与次佳的区别，即使利用现代科技如拍照、录像形成的物证复制品与原始证据之间也没有最佳与次佳之分。其二，它适用于部分现代科技证据。

2. 在原件的处理上发生变化。对传统的文字材料区分原件与非原件非常容易，而现代科技形成的证据区分原件与非原件较为困难。从而使得英美国家不得不对原件的理解发生改变，其做法有二：一是对原件作扩大解释。例如，美国《联邦证据规则》第1001条第3款规定，原件是指该文书或录音本身，或者制作者或发行者意图使其具有同等效力的复本。二是采用置换处理，加拿大的《统一电子证据法》第4条规定，在任何法律程序中，如果最佳证据规则可适用于某一电子记录，则通过证明如下电子系统，其中记录或储存有数据的那一电子记录系统或者借助其数据得以记录或储存的那一电子系统的完整性，最佳证据规则即告满足。

第二节　我国最佳证据规则

一、我国最佳证据规则的立法现状

我国有关文书的规则主要规定在《最高人民法院关于民事诉讼证据的若干规定》第 10 条规定：“当事人向人民法院提供证据，应当提供原件或者原物。如需自己保存证据原件、原物或者提供原件、原物确有困难的，可以提供经人民法院核对无异的复制件或者复制品。”《最高人民法院关于行政诉讼证据若干问题的规定》第 40 条规定：“对书证、物证和视听资料进行质证时，当事人应当出示证据的原件或者原物。”《最高人民法院关于适用〈刑事诉讼法〉的解释》第 71 条规定：“据以定案的书证应当是原件。取得原件确有困难的，可以使用副本、复制件。书证有更改或者更改迹象不能作出合理解释，或者书证的副本、复制件不能反映原件及其内容的，不得作为定案的根据。书证的副本、复制件，经与原件核对无误、经鉴定为真实或者以其他方式确认为真实的，可以作为定案的根据。”

二、我国最佳证据规则的完善

1. 界定书证原件的含义。首先物证应该被排除在最佳证据规则之外，对书证原件的判断并不完全取决于文书生产的时间或先后顺序，而是取决于制作该文书者的意图。对于制作在后的复制件而言，有时候可能会被当成“复制的原件”；有时候又会被当成“复制的复制件”。例如，当一份通知以手写的方式复制了两份，一份向相对人发出，另一份留存时，任何一份均可视为原件而不必出示另一件；如果某份文件被当作当事人行为的依据，只需要出示该文件即可，而不问该文件是首次制作还是经由其他文件复制而成；在两个或者多个文书中，如果其中一些是从另一些文书复制而成，并且根据实体法的规定，其中一个文书属于该实体法所规定的实质要件，则无论该文书是否由其他文书复制而成，均属于原件。

2. 例外情形。文书证据并不意味着一个人应当由于他不能控制的原因而丧失其实体上享有的权利。它仅仅意味着：只要一个人手中还有更加高级、更加可靠的证据或者他能够获得这样的证据，则他就不能仅提供较不高级或较不可靠的证据。因此，最佳证据规则并不要求在所有情况下都必须提供原件，存在以下例外情况：第一，当事人对副本或者复制件没有争议；第二，原件已经丢失或损毁，附加复制件与原件一致的条件；第三，原件掌握在对方手中，附加举证方已经为获得原件付出了足够的努力；第四，原件掌握在第三人手中；第五，官方记录；第六，其他例外。

第五章

特权规则

第一节 国外的特权规则

一、特权的含义

在英美法系国家的证据法上，特权是法律赋予当事人拒绝提供证言的权利。需要说明的是，在英美国家，特权是设定给诉讼当事人的权利而非证人的权利，即在诉讼中，一方当事人要求提出此类证言时，另一方当事人可以申请特权保护而使法院排除此类证据。如医生职业特权的申请者是当事人而非医生本人。在诉讼中，若一方当事人提出就医生与患者交谈的病情而需要医生出庭作证时，另一方当事人可以申请特权保护，医生因当事人行使特权而免除作证义务。但也有人认为，特权属于知悉者，而不仅属于诉讼中的当事人，如医生也可以以受特权保护为由拒绝提供证言，而不需要当事人提出申请。

在英美国家，向法庭作证是每一个公民的公法上的义务，这种义务具有一定的强制性，然而，基于社会伦理、道德、价值观念以及公共政策、国家利益的各种因素考虑，允许特殊情况下的证人按法律规定不履行这种义务，这被视为一种作证问题上的特权。

二、特权类型

（一）律师职业特权

律师职业特权包括两方面：一是律师—委托人特权；一是律师—第三人特权。

第一，律师—委托人特权是证据法上一项重要特权，是指在诉讼中的律师，即使具有证人的适格性，仍然具有就提供法律服务而从委托人处知悉的委托人秘密拒绝作证的权利。这种特权产生的理论基础是：律师对委托人的忠诚，要求律师不得成为其委托人案件中的证人。对此，荷兰最高法院指出：任何人必须能够自由地获得帮助和建议，并且无需担心上述信息会被公开，这一社会利益，超过了在法庭上公开有关事实而获得的社会利益。

律师—委托人特权具有以下三个特点：其一，从该特权主体看，包括两方：一方是律师；一方是委托人。其二，英美法系普遍认为特权是属于委托人的，只有委托人放弃的情况下律师才可以放弃。其三，律师—委托人特权在时间上具有连续性。律师在与委托人建立关系之前的商谈过程中，就可能涉及当事人的秘密。在律师与委托人关系终结后，律师的保密义务依然存在。

第二，律师—第三人特权，又称为工作成果特权。1947 年美国联邦最高法院通过希克曼诉泰勒一案确立了律师工作成果豁免原则，即在诉讼中，对于律师准备的材料有限地免于开示。最高法院认为，为了促进律师对案件的准备工作，律师的诉讼准备材料通常应当受到保护，免于通过开示程序而被获取。只有使律师的工作成果免于被对方通过开示程序获取，才能为律师工作确保一定程度的隐秘性，使律师能够自由工作，免受对方当事人及其对方律师的侵扰，缺少这种保护，意味着律师将不得不避免将其思想转化为书面材料，从而导致诉讼准备等活动的无效率，最终降低律师职业士气，损害委托人和司法制度的利益。

（二）医生职业特权

医生职业特权可分为两类：一是一般医生与患者职业特权；二是精神治疗人员与患者职业特权。前者的创设理由是：之所以在诉讼中对于医生所了解的重要事实采取特权保护，是为了鼓励患者向医生披露所有可能有助于诊疗目的的事项，为了达到这一目的，有必要向患者保证有关其身体状况的秘密信息不会在法庭上公开披露。后者的理由在于：其一，该特权有利于保护重要的私人利益，在医生当中，精神病医生有保守秘密的特殊需要，他帮助患者的能力完全取决于患者自由交谈的愿望和能力。其二，该特权有利于保护重要的公共利益。该特权能够通过鼓励精神医生与患者进行充分、坦率的交流，从而促进公民的精神健康。

（三）宗教职业特权

宗教职业特权，也即宗教交流特权，具有以下特点：第一，该特权保护的对象分为两种情况：一是将该特权保护的对象严格限定为进行交流者对神职人员所进行的宗教忏悔；二是该特权保护的对象没有什么限定。第二，该特权的主张者也有两种情况：一是该特权的主张者是进行交流的人；二是规定该特权的主张者除进行交流的人以外，还包括神职人员。第三，该特权很少有例外规定。

（四）婚姻关系特权

这种特权包括方面内容：第一，婚内交流特权；第二，婚姻证言特权。

1. 婚内交流特权。在英美法国家，婚内交流特权所防止的是配偶一方就婚姻关系存续期间配偶之间所进行的交流提供证言。例如，加拿大《证据法》第4条规定：“不得强迫丈夫公开其妻子在婚姻存续期间向其所作的任何交流，也不得强迫妻子公开丈夫在婚姻存续期间向其所作的任何交流。”支持该特权的传统观点认为，之所以设立该特权，是为了鼓励配偶之间的信赖，并通过这种信赖促进婚姻和谐。

该特权具有以下特点：

第一，特权享有者。存在不同观点：有的规定特权为夫妻双方所有，配偶双方是特权的共同享有者；有的规定配偶双方都可以主张该特权，每个人都可以为反对对方作证而主张该特权。

第二，适用范围。一是交流的婚姻状态问题，有两种做法：第一种做法该交流必须发生在合法的婚姻关系内；第二种做法是并不要求交流发生在合法的婚姻关系内。二是交流的保密问题。对此也有两种做法：第一种做法是要求夫妻在进行交流时，必须有保密意图。根据美国《统一证据规则》第504条的规定：“如果交流是一个人在私下同其配偶进行的，并且并不准备向他人披露，则该交流就是秘密的。”判例认为如果交流是在第三方面前进行的，则交流就不是秘密的。第二种做法是并不要求夫妻在交流时具有保密意图。

第三，特权存时间。有两种做法：第一种规定，该婚姻交流特权并不随着婚姻关系的终止而终止。第二种规定是该特权随着婚姻关系的终止而终止。

第四，例外。美国《统一证据规则》第504条第4款规定：“下列情况不存在本条规定的特权：（1）在该配偶是对方当事人的民事程序中；（2）在该配偶对被指控的犯罪的共同参与已经被不可反驳的证实的刑事诉讼中；（3）在配偶一方被指控对另一方、任何一方的未成年子女、任何一方与其共同生活的人的人身或财产犯有罪行或有侵权行为，或者在被指控在实施对另一方、任何一方的未成年子女、任何一方与其共同生活的人的人身或财产实施犯罪或侵权行为的过程中对第三人的人身或财产犯罪或有侵权行为的程序中；（4）根据法院的酌定，任何一方的未成年子女的利益可能会因该特权的行使而受到不利影响的其他程序中。”

2. 婚姻证言特权。婚姻证言特权，英美法系国家又称为不利婚姻事实之特权，在美国，与婚姻交流特权不同，婚姻证言特权仅适用于刑事诉讼中，根据美国《统一证据规则》第504条规定：“在刑事诉讼中，被告人的配偶享有拒绝为对被指控配偶不利证言的特权。”婚姻特权之所以存在刑事诉讼中，是因为担心配偶的证言将会使婚姻破裂，因为潜在的刑事惩罚的后果，使得这一点被认为在刑事诉讼中较在民事诉讼中更可能发生。

关于该特权有如下特点：

第一，特权的所有者。有三种做法：第一种做法认为特权的所有者是作证的配偶；第二种做法认为特权的所有者是被告人；第三种做法认为特权为夫妻双方共同所有。

第二，该特权的存续期间。有两种做法：第一种做法认为该特权适用于婚姻关系尚未依法确立之前；第二种做法是规定该特权适用于婚姻关系存续期间。

第三，该特权的例外。与婚内交流特权基本相同。

（五）公共利益特权

所谓公共利益特权是指为了维护公共利益而免于提供证言的权利。

1. 公共利益的范围。从各国规定来看，公共利益的范围包括：第一，级别较高的政府文件或者讨论；第二，外交、国防、国家安全秘密；第三，警察工作秘密；第四，司法秘密；第五，其他有关公共利益的事项。

2. 公共利益特权规则的适用程序。第一，法院的告知义务。美国《联邦证据规则》第 509 条规定，如果案情表明存在以下重大可能性，即主张该特权是适当的，但是由于疏忽或者不知情而没有主张该特权，则法官应当通知有权主张该特权的官员，并应当推迟进一步的诉讼程序，以留出合理的时间，为主张该特权提供机会。第二，是否公开有关信息的决定权。英国长期以来，如果政府官员主张该特权，法院一般都会授予。这样的公共利益豁免需要政府的部长以证书的形式主张，并且这一主张会被法庭接受，这种豁免通常不是以内容为基础的，而是以其所属文件的等级为依据的，因此，是否公开有关信息的决定权完全归属于政府一方。但这种情况在 1968 年的康威诉日磨一案中发生了变化，在该案件中，一名警察被指控盗窃但是被宣告无罪，然而不久他被革职。他对上级提出了诽谤的指控。双方当事人都表示，希望提出各种文件，包括关于该警察的工作表现的内部报告。内政大臣提出证明，说明他们已经查阅了有关文件，并认为该文件属于某一等级，在法庭上提出该文件有损公共利益。在这个案件中，英国上议院一致认为部长的证书在有关问题上不应是裁决性的，法官有权利对此进行审查，以便就国家利益和适当司法所体现的公共利益进行权衡。这样，是否公开有关信息的决定权就成立法官的职权。第三，处理结果。美国《联邦证据规则》第 509 条规定，如果政府一方当事人在诉讼中上述特权的主张得到支持，并且另一方因此失去了重要证据，法官应当根据司法利益之需要作出任何进一步的命令，包括取消证人证言、宣布审判无效、就该证据有关问题作出对政府不利的裁定或者驳回起诉。

第二节　特权规则在我国的确立

一、律师—委托人特权的确立

《律师法》第38条规定："律师对在执业活动中知悉的委托人和其他人不愿泄露的有关情况和信息，应当予以保密。但是，委托人或者其他人准备或者正在实施危害国家安全、公共安全以及严重危害他人人身安全的犯罪事实和信息除外。"我国的这种规定与外国的律师—委托人特权看起来很相似，但实际上有本质的不同。区别的关键在于：律师保密在我国是一种义务，而律师—委托人特权很明显是一种具有很强的可操作性的诉讼权利，当事人可以在对抗的诉讼中进行主张。所以，应当确立作为权利的律师—委托人特权，而不是仅仅将律师保密作为一种不能实际操作的义务。

二、医生职业特权

《执业医师法》第22条规定："关心、爱护、尊重患者，保护患者隐私，是医生的执业义务。"这种规定的方式仍然是作为一种法律义务来规定的，而不是一种可以在诉讼中主张的权利来规定，因此本书认为关键的问题是改变立法思维，确立医生—患者特权，可以使双方主体在诉讼中主张该特权。因此有必要满足一系列诉讼权利的确定所带来的立法要求：实体法要求和程序法要求。在实体法上要解决该特权的界定、标准、范围、分类等问题，在程序法上，如何主张该权利、如何裁决这种主张等问题。

第六章

传闻证据规则

第一节　国外的传闻证据规则

一、传闻证据规则的含义

（一）传闻证据的含义

传闻证据一词是我国学者对“hearsay”的意译，在美国联邦证据规则中，并没有传闻证据（hearsay evidence）而只有传闻的法律表述。传闻证据规则的核心是传闻证据，根据美国《联邦证据规则》第801条：“除陈述者在审理或听证作证时所做的陈述外的陈述，行为人提供它在用作证据来证明所主张事实的真实性。”

传闻证据具有以下特点：

第一，传闻证据的提供者即陈述者通常是在本案中作证的人即证人。

第二，传闻证据是陈述者对一件事情的陈述。

第三，传闻证据是在本次法庭审理之外作出的。

第四，传闻证据的提出是为了向法庭提供用以证明待证事实，如果不是这个目的，就无所谓传闻证据，因为它并没有准备当证据使用。

第五，传闻证据有三种形式：一是口头陈述；二是书面材料；三是表述性的行为。

第六，同一个证言视其证明对象不同，既可能是传闻证据，也可能不是。确定一项证据是否为传闻证据，与该项证据的争论点密切相关，例如，证人在法庭上作证时回答律师的问题："1996年5月2日，被告对我说，'昨天我在A市'。"如果争论点是被告人1996年5月1日是否在A市，这个证言就是传闻，然而，如果争论点是1996年5月2日被告是否讲过这样的话，那么上述证言就不是传闻。

（二）传闻证据规则的含义

传闻证据规则是指证人的庭外陈述不具有可采性而应予以排除的规则。英美法系国家之所以确立传闻证据排除规则，主要是基于传闻证据真实性得不到核实，是出于对这类证据可靠性的一种担心。

为进一步理解传闻证据规则，以华尔兹教授的"丑陋的证人"为例说明。控诉方有一个外观丑陋、吐字不清的形象极差的证人，为了不让陪审团反感，检察官别出心裁地想出了一个解决办法。他告诉这个丑陋的证人："你到法院后，直接到地下室去，在那里等候，不要让任何人看见你。"检察官安排了一位他所能找到的最吸引人、最善于表达的人上了证人席，尽管这个人对案件一无所知，因而也使得辩护律师无法就案件事实进行交叉询问。在法庭上，检察官询问这个能吸引人的证人时说："在地下室，能找到一位本案的目击证人。我给你一些问题，你去问他，你现在就去地下室，把我的问题向他提出，然后回到这里，把目击者的回答告诉陪审团。"这种方法是避免让陪审团见到这位形象令人作呕的目击者的有效方法，而且也是阻止辩护律师通过交叉询问来考察这唯一证人在感知能力、记忆力是否诚实以及语言表达能力等方面真实情况的有效方法。不用说，这个富于想象力的策略十分明显地与排除传闻证据规则相冲突。

二、传闻证据规则的例外

美国《联邦证据规则》在第 803 条、第 804 条作出了列举式的规定，第 807 条做出了概括式的规定。可大致分为三类：第一类是陈述者是否出庭陈述无实质意义的例外；第二类是陈述者不能出庭陈述的例外；第三类是剩余例外。

（一）陈述者是否出庭作证无实质意义的例外

此类例外包括以下几种情况：

1. 个人陈述。第一，事先无准备的陈述。例如，当场的感觉印象，即陈述者感受有关事件时当场作出或随即作出的描述；激愤言词，陈述者在由某一惊人事件或引起兴奋的压力状态下作出的陈述；当时存在的精神、感情或身体状态，即陈述者关于当时存在的精神、感情或身体状态的陈述。第二，出于医疗诊断或治疗目的而作出的陈述。第三，关于回忆的记录，即关于证人曾经知情，但现在不能充分回忆起来使之能够充分、准确的作证的备忘录或记录。这种记录证明是证人在记忆犹新且能准确反映其知情时制作或采用的。例如，一位退休的警官就他数年前写的一份报告作证，这份报告是基于他个人的了解于几年前提交给他上级的，内容是关于被告人与犯罪的牵连。他对该报告的记忆已经不全面。在法庭上，这份报告可以向他展示（唤起他的记忆）。后来他回忆起来了，这种情况就叫“现在唤起记忆”，如果他仍然不能回忆起来，他就不能就该报告作证，但是报告本身可以向陪审团宣读并作为证人曾经知道的东西载入记录，即作为过去记忆的记录，过去的记忆可以作为传闻证据的例外情况被采纳。第四，保留在确认或影响财产权益的文件中的陈述。

2. 单位或公共机构的记录。第一，单位正常行为活动的记录。即知情人以任何形式制作的关于行为、事件、情况、意见、诊断的备忘录、报告、记录。第二，公共记录和报告。第三，生命统计记录，按照法律要求以任何形式由公共机关作出的关于出生、死亡或结婚的记录或数据汇编。第四，就影响财产权益所作的记录。

3. 宗教记录或证明书。在宗教组织记录中正常保留的关于出生、结婚、离婚、死亡、婚生、家世、血缘等关系，或者其他关于个人、家庭历史的类似事实的陈述。婚姻、洗礼及类似的证明书。

4. 家庭记录。即有关个人或家庭历史的事实的陈述，且这些陈述保留在家用圣经、家谱、戒指、墓穴、碑刻或家庭合影上的题字等。

5. 出版物中的陈述。包括市场报告、商业出版物、学术论文。

6. 有关名声的陈述。

7. 判决。包括先前定罪的判决；关于个人、家庭或者一般历史或边界的判决。

8. 在陈旧的文件中的陈述。记载在已经存续 20 年或更长时间的文件中的，其真实性已经得到证实的陈述。

（二）陈述者不能出庭作证陈述的例外

美国《联邦证据规则》第 804 条列举了五种不能出庭作证而不作为传闻处理的情形：第一，免除作证，即被法院以特免权为由作出裁决，免除他就陈述的主要事项作证；第二，拒绝作证，虽然法院命令他作证，但他坚持拒绝就陈述的主要事项作证；第三，声称丧失记忆力，他作证时说对陈述的主要事项丧失记忆力；第四，无能力，即由于死亡或正患有身体上或精神上疾病，不能出席作证；第五，缺席，即他未出席听证，而陈述的建议者不能通过传票或合法手段迫使他出庭。

（三）剩余例外

美国《联邦证据规则》第807条规定，不具体属于规则第803条或804条的各种例外，但具有同等的间接真实性保证的陈述，若符合下列条件时，不得适用传闻规则予以排除。其条件是：法庭裁定：第一，该陈述是作为一项重要的事实证据而提供的；第二，该陈述在所证明的问题上，比建议者通过合理努力能获得的证据具有更强的证明力；第三，如果将该陈述作为证据采纳，则本证据规则总的宗旨和司法公正将得到最佳效果。

三、传闻证据规则的价值

1. 传闻证据规则是对抗式审判制度得以实现的重要手段。传闻证据规则排斥证人不出庭，要求证人尽可能在法庭上作证，以便法官或者当事人观察其诚实信用性、记忆力、表达能力、感知能力等，从而对证言的可靠性作出准确的判断。这也是直接言词原则的要求。

2. 传闻证据规则有利于案件裁判的准确性。传闻证据先天弱点决定了它的证据价值，一方面传闻证据是证人对他人陈述的转述，转述的次数越多，陈述的内容越复杂，出现错误的可能性越大；另一方面作出传闻陈述的人实际上不可能受到交叉询问，有关它的可靠性问题不能得到有效的检验。

3. 传闻证据规则有利于诉讼公开、诉讼平等、诉讼民主等价值实现。如果一方当事人提供证人证言，另一方当事人不能与该证人接触，特别是与证人对质，这对另一方当事人是不公平的。同时，传闻证据规则有利于保证法庭审判的公开性，确保当事人的知情权。

第二节　我国传闻证据规则的确立

一、我国确立传闻证据规则的必要

我国刑事诉讼法中既没有明确规定直接言词原则，也没有规定传闻证据规则，证人不出庭，使我国刑事诉讼的司法实践出现下列严重问题：第一，被告人的辩护权无法有效行使。证人不出庭，使得被告人无法向提供不利于自己的证言的证人进行质证，因而无法有效地实施法律赋予的辩护权；第二，由于证人不出庭作证，导致对庭审模式的对抗式改变几乎不可能做到；第三，书面审理现象非常严重，由于证人不出庭作证，使得法庭审理许多情况下只能依据侦查、起诉阶段形成的询问笔录进行证据调查，因而书面审理现象非常严重。书面审理造成的后果之一，就是侦查结果左右甚至决定审判的结果，因为审判程序难以通过对证人的询问和质证发现侦查、起诉程序认定事实上的错误。所以有必要确立传闻证据规则。

二、传闻证据规则的完善

（一）可以作为传闻证据予以排除的证据范围

第一，庭外陈述。包括作证人的庭外陈述；犯罪嫌疑人、被告人的庭外陈述；其他人的转述。第二，书面鉴定结论。在我国鉴定人提供书面的鉴定结论而不出庭作证已经成为惯例。鉴定人实际上是专家证人，是证人的一种，提供的是一种意见性的证言，因此，也应该适用传闻证据规则。

（二）传闻证据规则的例外

第一，证人已经死亡的；第二，证人患有严重疾病，无法出庭作证的；第三，证人下落不明的；第四，证人不在中国境内，不便出庭作证的；第五，证人路途遥远、交通不便的；第六，经过庭前证据开示，抗辩双方对证人证言笔录没有争议的。

第七章

意见证据规则

第一节　国外的意见证据规则

一、意见证据规则的含义

在英美法系国家的证人陈述，以陈述内容为标准，可分为体验陈述和意见陈述。前者是指证人就自己所体验的事项所进行的陈述；后者是指证人依据其特别知识、经验、推断某事项后所进行的陈述。意见性规则即规范意见证据是否具有可采性的规则。

英美法系将证人区分为普通证人和专家证人。前者又称感知证人或事实证人。普通法的传统是，普通证人只能陈述他们所感知的事实，即他们不能提供意见、推论或者结论。在英美国家，有一个古老的法谚："证人应具备亲身之见闻。"大陆法系则把证人和鉴定人明确予以区别。对于证人，要求其根据自己所了解的事实提供证言自属应当，对于其根据自己所体验的事实进行一些必要的分析和判断或推测一般无明确的禁止。鉴定人的意见是一种独立的证据种类，不属于证人证言。

意见证据规则的基本法理是：第一，它侵犯了事实审理者的职权，对事实产生推测或者意见是属于事实认定的范畴，它只能由事实审理者即法官进行。证人只是提供证言，提供给法官据以认定案件事实的根据，应当没有提供意见的权力，如果允许证人提供意见陈述，无异于允许证人代替行使事实审理者的权力。第二，它有影响公正认定事实的危险。意见并非事实而是见解，证人提供的意见，有误导事实审理者的危险，以至于可能错误的认定案件事实。第三，证人的意见往往依据的是不具有可采性的证据。

二、意见证据规则的例外

（一）普通证人的意见证据的例外

普通证人的意见陈述，原则上当然不能采用，但是有时意见证据可以采用，对于例外情形主要有以下几种：

1. 同时观察的事实。是指从外观、情况、人或动物的身心状况及其他同时呈现于感觉上的不同事实，一经观察，就产生结论而言。这样的事实，可以被视为对事实的感知，所以允许作为证据，例如，史兰克尔一案中，证人陈述曾看见被告人在杀人当天“行为比往常滑稽”，“看起来有凶恶神情”，“仿佛心中有事”等，均被法院允许作为证据。

2. 接续察觉的事实。这种心理现象是从物理现象中而来，可以视为事实陈述，所以可以采纳。如证人驾车距离火车有20尺远，对火车速度观察所得印象的意见陈述。

3. 总括式的陈述。是指证人在陈述各项待证事实后得出的综合结论。如证人在陈述各项事实后陈述：“公路是安全的或路旁石头确能惊吓马匹。”

4. 印象陈述。证人对其记忆模糊时，法院可以允许就其记忆所涉及的印象而作陈述，但证人不得以非基于其本人观察事实的结果所得的印象或本于其他事实所作的推测而进行陈述。

5. 视同专家的意见陈述。普通证人对某一事实了解真相时，法院可以允许其陈述意见，因为此时的意见陈述与专家进行的推论没有区别，例如，证人十分熟悉邻近土地的价值，可以让他证明土地的价格。

6. 品格的意见陈述。证人对某人的品格，陈述自己的意见的，一般法院都认为其具有可采性。

（二）专家证人的意见陈述例外

美国《联邦证据规则》第702条规定："如果科学、技术或者其他专业知识有助于事实审理者理解证据或者裁决争议问题，则凭借知识、技能、经验、训练或教育而够格成为专家的证人，可以以意见或其他形式就此作证。"专家证人的陈述意见，是意见证据规则的重要例外，让专家以意见或推论的形式作出证言是合理的，是因为专家具有陪审员所不具有的专门性知识和机能。但并非所有的专家证言都具有可采性，"仅在陪审员独立作出判断性结论或很是勉为其难时，专家证言才具有可采性。"

专家证言应具备以下四个条件：第一，该意见、结论或推论是依靠专门知识、技能或培训作出而不是像陪审团成员那样也具有的普通经验；第二，在证人必须被证实在某专业领域内具有专家的资格；第三，对自己的意见、结论或推论，该证人必须作出合理程度的肯定或可能；第四，专家证人必须首先叙述清楚作出意见、推论或结论的背景知识，或者说，必须圆满回答一系列的假设性问题。

第二节 我国意见证据规则的完善

一、普通证人的意见

可以规定“证人的个人意见和推测，不得作为证据，但根据一般生活经验可以判断的事实除外”。换言之，如果证人根据自己的体验事实提供的证据，或者推测的事项与体验的事实很难区分开来，而且必须混合起来才能发现事实真相，又不能够代替的，应当承认它的可采性，以利于案件事实的查明。

二、专家证人的意见

按照英美法系国家的做法，可以采纳其意见为证据，因而可以规定“为审理必须而依据某一领域的专业技术知识或经验提供的专家意见，应当作为证据”。因为法官可能是法律专家，但是未必就是技术专家。法官可能对某一领域是无知的。以鉴定人身份出现的专家就是为了解决诉讼中的专门问题、填补法官的无知而出现的。专家鉴定所得到的结论，不管以何种形式表现，本质上均是意见。但对案件中的专家意见，法官不能再行自由心证。

第八章

自白规则

第一节 国外的自白规则

一、自白规则的含义

所谓自白，是指在被指控犯罪的人对另一个人自愿作出的承认自己犯有指控罪行，并披露罪行实施的情况或参与实施的情况的陈述。自白规则，又称为自白任意性规则，是指被指控实施犯罪的人非自愿情形下作出的有罪陈述不得作为证据的规则。

二、自白规则的特点

1. 自白有广义和狭义之分。广义上的自白包括自认，即对涉嫌的犯罪事实的部分承认或有保留的承认；狭义上的自白专指对所涉嫌的犯罪事实的全部供认。自白规则所针对的是狭义上的自白。

2. 无论在英美法系国家还是在大陆法系国家，刑事诉讼都具有与民事诉讼不同的基础理念。民事诉讼关注于对立的主张之间解决纠纷；而刑事诉讼关注于审查被告人的行为，因此消除控辩双方的对立并不是刑事诉讼的最终目的。基于此项考虑，即使被告人作出了正式的承认，法官也不是必然接受这种答辩。如果法官没有接受答辩，在进入审判程序后，被告人先前的有罪答辩即不能用作证明他犯有被指控罪行的证据。

3. 英美对抗审判得以展开的一个必要前提是控辩双方立场的对立，如果控辩双方在被告人的罪责问题上已经达成了某种妥协，就失去了对抗式审判得以依赖进行的基础。为了确保所有进入审判程序的刑事案件具有这一基本条件，英美法在审前特意设置了传讯程序进行分流。被告人在审判前的传讯程序中对指控的犯罪事实进行答辩，如果答辩无罪，则进入审判程序；如果答辩有罪，则直接进入量刑程序。

4. 在英美证据法中，被告人自愿作出的“明知、明智和明确的”自白，可以作为被告人有罪的证据。法庭审理中的自白一般是被告人在传讯程序中做了无罪答辩，而在法庭审理中又改变答辩的情形。由于在法庭上被告人因外部不当诱因提供自白的可能性较小，因而英美证据法上的自白主要不是指被告人在法庭审理过程中的有罪供述，而是被告人在审判前阶段作出的有罪供述。这种供述通常是以警察书面记录的方式保存下来，并在审判时由检控方作为控诉证据提交法庭的。控诉方之所以要将这种证据提交法庭，一般是因为被告人在警察讯问时作了有罪答辩，但在法庭审理中又矢口否认。法庭只要对被告人在审判前的警察讯问阶段所作的供述进行审查，认为它符合法定的条件而具有可采性，就可以将他作为对被告人定罪的根据。实际上这是传闻证据规则的例外。

5. 在普通法中，被告人作出承认的唯一场合是在传讯程序中，除此之外被告人就指控罪行所作的不利于自己的陈述都是非正式的承认。如果被告人在审前的传讯程序中作了无罪答辩，而在审判过程中又改变了他的答辩，那么从理论上讲这只是一个非正式的承认。与正式的承认不同，非正式的承认是一项证据，属于通常所说的“自白”的范畴。

第二节 我国自白规则的确立

一、我国确立自白规则的意义

1. 它可以保证犯罪嫌疑人、被告人的诉讼主体地位。现代诉讼理念认为，犯罪嫌疑人、被告人虽然是刑事追究的对象，但他不是刑事诉讼的客体。犯罪嫌疑人、被告人处于与控诉方对立的一方，但在诉讼中的法律地位是与控诉方平等的，他享有诉讼权利、承担诉讼义务。与控诉方相比，被告方处于劣势地位，自白规则的确立有助于扼制司法机关对被告人的压制，提升被告方的诉讼地位，从实质保障法律确立的被告人的诉讼主体地位。

2. 保障有罪供述的真实性。犯罪嫌疑人、被告人在受到司法人员非正常强制的情况下作出的供述，很可能改变其陈述的内容，作出与案件事实完全不符的陈述。

3. 保障诉讼的文明性。任何强迫陈述不仅会侵犯犯罪嫌疑人、被告人的人权，同时也是对现代诉讼制度所追求的公正、文明、人道等价值观念相背离。

二、我国自白规则的确立

我国刑事诉讼法对自白任意规则没有明确的规定，这实际上可能导致犯罪嫌疑人在有罪供述上的自由选择权受到影响，在我国立法上，应该进一步明确犯罪嫌疑人、被告人供述的自愿性原则，可做以下设计：任何人不得被强迫承认有罪或作不利于他自己的证言。犯罪嫌疑人、被告人的有罪供述必须出于自愿才能作为定案的根据。如果被告方提出初步证据表明，其陈述是受到刑讯或非自愿的，应由控方提供证据证明其陈述的自愿性。

第九章

言词证据补强规则

第一节　国外的言词证据补强规则

一、言词证据补强规则的含义

所谓言词证据补强规则，是指被告人及其他证人的陈述，在证据力薄弱时需要有其他证据证实才能作为定案的根据的规则。在英美法上，言词证据被称为供述证据，凡是以人的陈述为表现形式的证据均属于供述证据，供述证据可分为两类：一类是被告人陈述；另一类是其他言词证据。因此，补强规则也相应的分为两类：口供补强规则和其他言词证据补强规则。

（一）口供补强规则

普通法的一般规则是：一个未经补强的供述，即使是自愿的，也不足以支持有罪认定。在大多数的司法辖区，除非政府方提出证明犯罪行为发生的其他的独立的证据，供述是不具有可采性的。如果被诉的共犯有多名，其中的一名共犯的证言不能作为另一名共犯的证言的补强证据。补强证据不但需要足以证明共犯证言中陈述的事实是可信的，而且必须足以证明所陈述的事实确与被告发生关联。其中后一个条件最应注意，因为共犯的证言如果是为了诬陷的目的，所陈述的事实往往是真实的，只是被指证的人与犯罪行为的关联是虚假的，对此审判者十分容易被蒙骗。

何种自白需要补强、自白的哪一部分需要补强，日本法规定了以下几点：第一，何种自白需要补强证据。英美法采取起诉认否程序，被告人在审判庭上的自白与陪审团的有罪裁决有同等效力，因此，需要补强证据的自白仅指审判庭外的自白而言。日本没有接受英美法上的审前认否程序，日本《刑事诉讼法》第 319 条规定："不论审判庭上的自白还是审判庭外的自白，都必须有补强证据才能作为有罪判决的依据。"

需要补强的自白内容有哪些？日本理论界一致认为，自白中有关犯罪构成客观要件即罪体的全部或主要部分事实，应有补强证据。例如自白一人犯数罪的，对于各罪的罪体应有补强证据；自白数个同种行为构成一罪的，不要求对每个行为都有补强证据，但凡是具备独立的犯罪构成意义的行为即数个行为中的主要行为与结果方面的事实，应有补强证据；自白想象竞合犯等裁判上的一罪的，对于竞合或牵连的数个行为均需要有补强证据；自白犯有身份方面的犯罪，因其缺乏一定的资格是犯罪构成要件之一，所以也需要补强证据。

何种证据可以作为自白的补强证据？对此，日本证据理论和判例认为必须同时具备两个条件：第一，必须有证据能力；第二，必须是被告人本人陈述以外的证据。本人对不利事实的承认、侦查阶段的自白以及其他人对被告人在审判外自白的转述，因其与自白来源相同，不具有充当补强证据的资格。

（二）其他言词证据的补强

英美法系国家的证据规则就特殊重大的案件，以及某些证明力显然薄弱的证据，仍要求有补强证据，除了上述对被告法庭外的自白和共犯的证言要去补强外，还规定了特定种类的案件也需要补强。这些案件包括：第一，叛国案件。如美国《宪法》第3条第3款规定叛国罪的成立需要有2名证人证实其叛国行为，或者经过被告在公开的法庭上自白其所犯罪行。第二，伪证案件。仅凭借一名证人的指证，不足以定案，须有补强证据，否则就会存在一个人的宣誓证言可以推翻另一个人的宣誓证言的情形。第三，风化案件。如对妇女儿童风化罪，如强奸罪，仅凭借一个证人的证言不足以定罪的，因为这样的指证只是出于被害人之口，没有其他佐证，不能增强其证明力。第四，未成年人作证案件。未成年人作为证人时，其证言的可信性也有限制。因为儿童虽然天真、聪明、记忆力好，但其观察事务难免会有误解，所以必须有补强证据。

第二节　我国补强证据规则

一、口供补强证据的实体性规则

（一）重罪案件口供补强证据的实体性规则

在重罪案件中，口供补强证据应达到最高的证明要求，即独立证明犯罪事实的存在，在较为严重的犯罪中，应严格限制犯罪嫌疑人、被告人口供的证明作用，要求具有比较完整的补强证据。重罪案件的口供补强证据规则包括积极规则和消极规则。积极规则为：第一，犯罪事实的认定，必须予以补强；第二，对犯罪构成的客观要件事实，必须补强；第三，供述数罪的，对每个罪的客观要件事实，应予补强；第四，供述的数个同种行为构成法律上的一罪的，对数个行为应予补强；第五，供述的数个行为构成裁判上的一罪的，对数个行为应当予以补强；第六，在犯罪事实中被告人与犯罪人同一的，应当补强。消极规则为：第一，犯罪构成要件中的主观要件，无须补强；第二，对涉及非犯罪事实，无须补强；第三，对非构成要件犯罪的事实，如正当防卫、紧急避险等不存在的认定，无须补强。

（二）轻罪案件口供补强证据的实体性规则

在轻罪案件中，口供补强证据应当达到最低限度的目标，与口供证明的案件事实大致等同，并保持与有罪供述的一致性。其规则的标准低于重罪的要求，仅对案件的主要事实予以补强。

二、口供补强证据的程序性规则

（一）庭审外口供补强证据程序规则

第一，传闻证据不具有补强证据能力；第二，非法证据不具有补强证据能力；第三，犯罪嫌疑人的前后两次的不同（相同）供述不具有补强证据能力。

（二）庭审上口供补强证据程序规则

第一，补强证据的法庭调查必须在口供调查之前，否则不具有补强证据能力。如果先调查口供，后调查其他作为补强的证据，很容易使审判人员根据自白形成预断，一旦自白不真实，难免造成误判。第二，重复口供的证人陈述不具有补强证据能力，即使庭外与庭上的供述一致，也不能作为补强证据，因为它属于自我证明，逻辑重复，没有价值。

（三）口供补强证据的程序异议规则

在法庭上，法官对口供证据补强应有释明义务，控辩双方对口供与否问题具有异议权，对此予以辩论，保证补强证据适用程序的公正性。

参考文献

一、著作类

1. 龙宗智：《刑事庭审制度研究》，中国政法大学出版社 2001 年版。

2. 何家弘、张卫平：《外国证据法选译》，人民法院出版社 2000 年版。

3. 何家弘：《证据法学论坛》（1～9 卷），中国检察院出版社 2000 年版。

4. 何家弘：《外国证据法》，法律出版社 2003 年版。

5. 樊崇义：《刑事证据法原理与适用》，中国公安大学出版社 2001 年版。

6. 卞建林：《美国联邦刑事诉讼规则和证据规则》，中国政法大学出版社 1996 年版。

7. 孙长永：《刑事诉讼证据与程序》，中国检察院出版社 2003 年版。

8. 毕玉谦：《民事证据法判例实务研究》，法律出版社 2001 年版。

9. 毕玉谦、郑旭、刘善春：《诉讼证据规则研究》，中国法制出版社 2000 年版。

10. 陈瑞华：《问题与主义——刑事诉讼基本问题研究》，中国人民大学出版社 2003 年版。

11. 刘国清、刘晶：《刑事证据规则实务》，上海社会科学院出版社 2001 年版。

12. 王进喜：《刑事证人证言论》，中国公安大学出版社 2002 年版。

13. 齐树洁:《英国证据法》, 厦门大学出版社 2002 年版。

14. 甄贞:《刑事诉讼法学研究综述》, 法律出版社 2002 年版。

15. 李昌珂:《德国刑事诉讼法典》, 中国政法大学出版社 1995 年版。

16. (台) 陈朴生:《刑事证据法》, 台北三民书局 1979 年版。

17. 周叶谦:《英美刑法刑事诉讼法》, 中国社会科学出版社 1984 年版。

18. [美] 杰罗德·H. 以兹瑞、威恩·R. 拉法吾:《刑事程序法》, 法律出版社 1999 年版。

19. [美] 乔恩·R. 华尔兹:《刑事证据大全》, 何家弘等译, 中国公安大学出版社 1993 年版。

20. [美] 摩根:《证据法的基本问题》, 李学登译, 台北世界书局 1960 年版。

21. [美] 米尔建·R. 达马斯卡:《漂移的证据法》, 李学军等译, 中国政法大学出版社 2003 年版。

22. [美] 约翰·W. 斯特龙主编:《麦考密克论证据》, 汤维建等译, 中国政法大学出版社 2004 年版。

23. [日] 松冈义正:《民事证据论》, 张知本译, 中国政法大学出版社 2004 年版。

24. [日] 高桥宏志:《民事诉讼法制度与理论的深层次分析》, 林剑锋译, 法律出版社 2003 年版。

25. [德] 莱奥·罗森贝克:《证据责任论——以德国民法典和民事诉讼法典为基础撰写》, 庄敬华译, 中国法制出版社 2002 年版。

二、论文类

1. 何家弘:"司法证明方式和证据规则的历史沿革", 载《人大复印资料》2000 年第 5 期。

2. 刘品新:"我国构建证据规则的视角调整", 载何家弘主编:《证据学论坛》(第 2 卷), 中国检察院出版社 2001 年版。

3. 贺伟军:"反传闻规则值得借鉴", 载《法治论丛》2001 年第 1 期。

4. 王国忠:"构建我国非法证据排除规则的设想", 载《人大复印资料》2000 年第 5 期。

5. 刘金友、李玉华："论诉讼证明标准"，载曹建明主编：《诉讼证据制度研究》，人民法院出版社 2001 年版。

6. 樊崇义："客观真实管见"，载《中国法学》，2000 年第 1 期。

7. 陈光中等："刑事证据制度与认识论"，载《中国法学》2001 年第 1 期。

8. 宋世杰、陈果："论非法证据排除规则"，载何家弘主编：《证据学论坛》（第 2 卷），中国检察出版社 2001 年版。

9. 汪建成、孙远："自由心证新论"，载何家弘主编：《证据学论坛》（第 1 卷），中国检察出版社 2000 年版。

10. 汪建成、孙远："刑事诉讼口供规则体系论纲"，载《北京大学学报》2002 年第 2 期。

11. 吕继东："传闻证据规则之完善"，载《法律与社会》2002 年第 3 期。

12. 何家弘："中国刑事证据规则体系之构想"，载《法学家》2001 年第 6 期。

13. 张卫平："证据标准建构的乌托邦"，载《法学研究》2003 年第 4 期。

14. 李浩："证明标准新探"，载《中国法学》2002 年第 4 期。

15. 王利明："论举证责任倒置的若干问题"，载《广东社会科学》2003 年第 1 期。

16. 孙长永："论刑事诉讼中的证明责任"，载《中外法学》2004 年第 3 期。

17. 陈刚："抗辩与否认在证明责任法学领域中的意义"，载《政法论坛》2001 年第 3 期。

18. 邵明："诉讼中的免证事实"，载《中国人民大学学报》2003 年第 4 期。

19. 秦策："美国证据法上推定的学说与规则的发展"，载《法学家》2004 年第 4 期。

20. 毕玉谦："试论民事诉讼中的司法认知"，载《中外法学》1999 年第 1 期。

21. 何家弘:“证据调查学的对象与体系”,载《法学家》1996 年第 6 期。

22. 李浩:“论举证时限与诉讼效率”,载《法学家》2005 年第 3 期。

23. 李建明:“论行政诉讼中证明对象的范围”,载《法学研究》1990 年第 2 期。

24. 龙宗智:“大证据学的建构及其学理”,载《法学研究》2006 年第 5 期。

图书在版编目（CIP）数据

证据法 / 刘宇，任继鸿编著.—北京：中国政法大学出版社，2014.4
ISBN 978-7-5620-5354-5

Ⅰ. ①证…　Ⅱ. ①刘…　②任…　Ⅲ. ①证据－法学－中国　Ⅳ. ①D925.013

中国版本图书馆CIP数据核字(2014)第063709号

出版者　中国政法大学出版社
地　址　北京市海淀区西土城路25号
邮寄地址　北京100088信箱8034分箱　邮编100088
网　址　http://www.cuplpress.com（网络实名：中国政法大学出版社）
电　话　010-58908285(总编室)　58908334(邮购部)
承　印　固安华明印业有限公司
开　本　880mm×1230mm　1/32
印　张　8.75
字　数　200千字
版　次　2014年4月第1版
印　次　2014年4月第1次印刷
定　价　29.00元